On the Beach

On the Beach

Da Ferdinando Scianna a Martin Parr.
I fotografi Magnum e le spiagge

From Ferdinando Scianna to Martin Parr.
Magnum Photographers and the Beaches

SilvanaEditoriale

Sommario | Contents

Mare Magnum

Andréa Holzherr

La spiaggia rappresenta da sempre un tema interessante in fotografia, in quanto palcoscenico perfetto per la grande "commedia umana". Sotto un cielo vasto e indifferente, le persone vanno e vengono come attori di uno spettacolo senza fine. Il mare, senza tempo e incurante, rispecchia la commedia e la tragedia dell'esistenza umana.

Quello che i fotografi trovano sulla spiaggia è un tipo di spontaneità, libertà ed emozioni intense che raramente si possono trovare altrove. La spiaggia spoglia le persone, sia fisicamente sia psicologicamente, dei normali strati di vita quotidiana. Quando ci si toglie i vestiti, ci si libera anche di alcune inibizioni sociali.

Secondo le parole di Elliott Erwitt, un'icona della fotografia, "fotografare in spiaggia significa 'unire il lavoro al divertimento': si osservano le persone, si prende il sole e, di tanto in tanto, si cattura un'immagine interessante.

Il volume presenta una selezione di fotografi che hanno esplorato la spiaggia da prospettive diverse. Le fotografie della spiaggia di Coney Island scattate da **Bruce Gilden** offrono uno sguardo sincero e senza filtri sull'eccentrico teatro della cultura balneare newyorkese. Conosciuto per una fotografia di strada audace e provocatoria, Gilden porta la stessa energia sul lungomare e sulla spiaggia, fotografando bagnanti, imbroglioni e personaggi eccentrici che grondano personalità. I suoi caratteristici scatti a distanza ravvicinata e il costante uso del flash trasformano la spiaggia in un'arena di espressioni esagerate, pelli raggrinzite dal sole, corpi distesi e provocatoriamente rilassati.

Le fotografie di **Harry Gruyaert** delle spiagge del Nord immortalano un mondo di sommessa bellezza, dove il gioco di luci, colori e atmosfere trasforma paesaggi familiari in qualcosa di quasi etereo. A differenza delle spiagge assolate e vibranti del Mediterraneo, le sue fotografie della costa del Mare del Nord, principalmente belga, francese o olandese, sono caratterizzate da vaste distese spazzate dal vento, da cieli pesanti e da una luce cangiante che oscilla tra morbidi colori pastello e profondi blu malinconici.

Le fotografie di **Martin Parr** delle spiagge della Gran Bretagna ci offrono un'esplorazione vivida e talvolta umoristica della cultura balneare britannica, catturandone attimi di debolezza, goffaggine e assurdità che definiscono il rapporto di questo paese con le sue località costiere. Noto per il suo occhio attento agli aspetti sociali e per l'uso di colori saturi, Parr trasforma la spiaggia in un palcoscenico dove si esagerano e allo stesso tempo si celebrano le idiosincrasie della vita quotidiana.

In Cina, dove la spiaggia è diventata un luogo di turismo di massa e di sviluppo urbano, le immagini di **Bruno Barbey** ci trasmettono una tensione sotterranea tra il paesaggio in rapida evoluzione e la natura elementare e senza tempo del mare. Le strutture create dall'uomo, come alberghi, ombrelloni o passerelle, spesso si perdono sullo sfondo, lasciando che siano i bagnanti a dominare la composizione. Questa contiguità tra la presenza umana e la vastità della natura

The beach has long been a compelling subject in photography, serving as the perfect stage for the grand "human comedy." Under the vast, indifferent sky, people come and go like actors in an endless play. The ocean, timeless and careless, mirrors the comedy and tragedy of human existence.

What photographers find at the beach is the kind of spontaneity, freedom, and raw emotion that's rarely found elsewhere. The beach strips away the usual layers of daily life—both physically and psychologically. When people shed their clothes, they also shed certain social inhibitions.

As the iconic photographer Elliott Erwitt once said: "beach photography is *combining business with pleasure* one watches people, sunbathes, and from time to time, one captures an interesting picture."

The book presents a selection of photographers who have explored the beach from many perspectives. **Bruce Gilden's** photographs of Coney Island's beach provide a raw, unfiltered glimpse into the eccentric theater of New York's seaside culture. Known for his bold, confrontational street photography, Gilden brings the same energy to the boardwalk and the sand, capturing sunbathers, hustlers, and excentric characters dripping with personality. His signature use of close-range, flash-heavy shots turns the beach into an arena of exaggerated expressions, leathery skin, and bodies sprawled in defiant relaxation.

Harry Gruyaert's photographs of the beaches of the North capture a world of subdued beauty, where the interplay of light, color, and atmosphere transforms familiar landscapes into something almost ethereal. Unlike the sun-soaked, vibrant beaches of the Mediterranean, his images of the North Sea coast—often in Belgium, France, or the Netherlands—are marked by vast, windswept expanses, heavy skies, and ever-changing light that shifts between soft pastels and deep, moody blues.

Martin Parr's beach photography in Great Britain offers a vivid, sometimes humorous exploration of British seaside culture, capturing moments of indulgence, awkwardness, and absurdity that define the nation's relationship with its coastal resorts. Known for his keen eye for social commentary and his use of saturated color, Parr transforms the beach into a stage where the idiosyncrasies of everyday life are both exaggerated and celebrated.

In China, where the beach has become a site of mass tourism and urban development, **Bruno Barbey's** images convey an undercurrent of tension between the rapidly changing landscape and the more timeless, elemental nature of the sea. Man-made structures, such as hotels, umbrellas, or walkways, often fade into the background, allowing the beachgoers to dominate the composition. This juxtaposition of human presence and the vastness of nature creates a contemplative mood, as if suggesting that, despite the rapid modernization around them, the sea remains a constant, eternal force.

crea uno stato d'animo contemplativo, quasi a suggerire che, nonostante la rapida modernizzazione che ci circonda, il mare rimane pur sempre una forza costante ed eterna.

Le fotografie di spiaggia di **Ferdinando Scianna**, caratterizzate dalla sua capacità di catturare, in pari misura, momenti di tranquilla contemplazione e intensità drammatica, offrono un ritratto sfumato e profondamente umano della vita balneare. Famoso per il suo approccio documentaristico, le immagini della spiaggia di Scianna sono infuse di una ricca profondità emotiva e di un senso di atemporalità, in cui l'interazione tra persone, paesaggio e luce ci rivela qualcosa di fondamentale sulla condizione umana.

Nelle foto delle spiagge di **Trent Parke** il paesaggio è protagonista tanto quanto le persone che lo abitano. Spesso le sue spiagge sono rappresentate non come luoghi idilliaci e tranquilli, ma come ambienti puri e dinamici, ricchi di energia naturale e della complessa interazione umana. Le immagini di Parke, attratto dal gioco di luci, ombre e forma umana, sono spesso caratterizzate da forti contrasti, ad esempio da figure scure che si stagliano contro la lucentezza di un cielo assolato, sagome drammatiche sullo sfondo di un orizzonte mutevole e tempestoso. Questo estremo uso della luce nella sua fotografia, dove la tensione tra luce e buio rispecchia le correnti emotive della vita in spiaggia, le dona una qualità quasi cinematografica.

Le scene delle spiagge del Mar Caspio di **Newsha Tavakolian** offrono una toccante esplorazione dell'identità personale e collettiva, sullo sfondo del complesso paesaggio sociale e politico dell'Iran. Nota per il suo approccio alla fotografia intimo e umanistico l'opera di Tavakolian riflette le tensioni tra modernità e tradizione, libertà e costrizione, vita pubblica e privata in un paese in bilico tra forze culturali conflittuali.

Olivia Arthur ha realizzato in India, e a Mumbai in particolare, opere fotografiche di grande impatto e profondamente umane. Il suo lavoro esplora spesso i temi dell'identità, di genere e dell'incontro tra tradizione e modernità. La Arthur esplora l'idea di vite nascoste e di istanti non visti, nella cui narrazione svolgono un ruolo significativo le spiagge di Mumbai. L'artista fotografa coppie in cerca di intimità all'aperto, individui persi nei loro pensieri sullo sfondo di un orizzonte infinito e gruppi di persone intente a silenziosi rituali quotidiani. Attraverso il suo obbiettivo, le spiagge diventano luoghi di transizione, dove convergono emozioni personali e realtà urbane.

Nel corso della storia, i fotografi della Magnum hanno immortalato la spiaggia in modi completamente diversi, rispecchiando sia momenti culturali sia esperienze umane senza tempo. La fotografia di spiaggia, non importa se a colori o in bianco e nero, se ritrae gioia, solitudine o il potere sublime della natura, continua comunque a rappresentare un tema ricco ed evocativo, che invita gli spettatori a vedere la spiaggia non solo come una destinazione, ma come una tela di espressione visiva.

Ferdinando Scianna's beach photography offers a nuanced, deeply human portrayal of coastal life, marked by his ability to capture moments of quiet contemplation and dramatic intensity in equal measure. Known for his documentary-style approach, Scianna's images of the beach are infused with a rich emotional depth and a sense of timelessness, where the interaction between people, landscape, and light reveals something fundamental about the human condition.

In **Trent Parke's** beach photography, the landscape becomes as much of a subject, as do the people who inhabit it. His beaches are often depicted not as idyllic, peaceful places but as raw, dynamic environments filled with the energy of nature and the complexity of human interaction. Parke is drawn to the interplay between light, shadow, and the human form—his images often feature bold contrasts, such as dark figures against the brilliance of a sun-drenched sky or dramatic silhouettes against a shifting, stormy horizon. This stark use of light adds an almost cinematic quality to his work, where the tension between light and dark mirrors the emotional undercurrents of life at the beach.

Newsha Tavakolian's beach scenes along the Caspian Sea are a poignant exploration of personal and collective identity, set against the backdrop of Iran's complex social and political landscape. Known for her intimate, humanistic approach to photography, Tavakolian's work reflects the tensions between modernity and tradition, freedom and constraint, and public and private life in a country caught between conflicting cultural forces.

Olivia Arthur has produced striking and deeply human photographic work in India, particularly in Mumbai. Her work often explores themes of identity, gender, and the intersection of tradition and modernity. Arthur explores the idea of hidden lives and unseen moments, and Mumbai's beaches play a significant role in this narrative. She photographs couples seeking privacy in the open, individuals lost in thought against the endless horizon, and groups of people engaging in quiet, everyday rituals. Through her lens, the beaches become places of transition, where personal emotions and urban realities converge.

Throughout history, Magnum photographers have captured the beach in strikingly different ways, reflecting both cultural moments and timeless human experiences. Whether in color or black and white, whether depicting joy, solitude, or the sublime power of nature, beach photography continues to be a rich and evocative theme, inviting viewers to see the shore as more than just a destination, but as a canvas for visual expression.

Ferdinando Scianna

“Vengo da una città di mare. Da bambini, iniziavamo ad andare al mare a maggio e continuavamo fino a novembre. Ma la mia è una costa rocciosa.
Non ci sono molte spiagge nella mia parte di Sicilia, ce ne sono di più sul lato orientale. Da giovani le sognavamo. Da noi c’erano i bagni; lì c’erano le feste, le ragazze, il divertimento.
Come fotografo, questo è ciò che mi affascinava di più: la vanità, l’esibizionismo, lo specchio sociale, le relazioni umane, la volgarità, il gioco dei corpi, il rituale di massa.
Ho comunque fotografato spiagge ovunque: in Sicilia, in Toscana, a Coney Island, a Bali o a Rio de Janeiro. Lo spettacolo era sempre garantito.”

“I come from a seaside town. As kids, we would start swimming in May and keep going until November. But my sea is a rocky one. On my side of Sicily, beaches are not abundant. There are more on the eastern side. As young men, we used to dream about them. Over here, there were the baths; over there, the party, the girls, the fun.
As a photographer, this is what fascinated me the most: vanity, exhibitionism, the social mirror, human relationships, vulgarity, the play of bodies, the mass ritual.
But I have photographed beaches everywhere: in Sicily, in Tuscany, in Coney Island, in Bali, or in Rio de Janeiro. The spectacle was always guaranteed.”

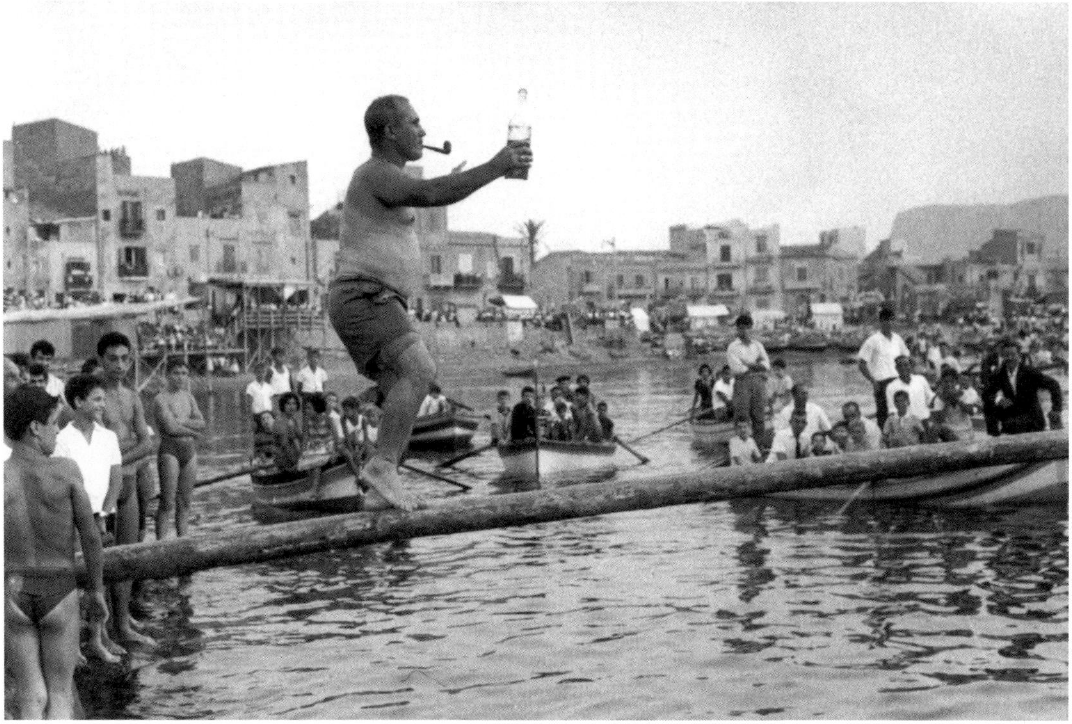

Festa della Madonna Assunta, un giovane cerca di camminare su un palo scivoloso insaponato. Da *Feste religiose in Sicilia*. Aspra, Bagheria, Sicilia, Italia, 1964.

Festival of the Madonna Assunta, young man trying to walk on a soaped slippery pole. From *Feste religiose in Sicilia*. Aspra, Bagheria, Sicily, Italy, 1964.

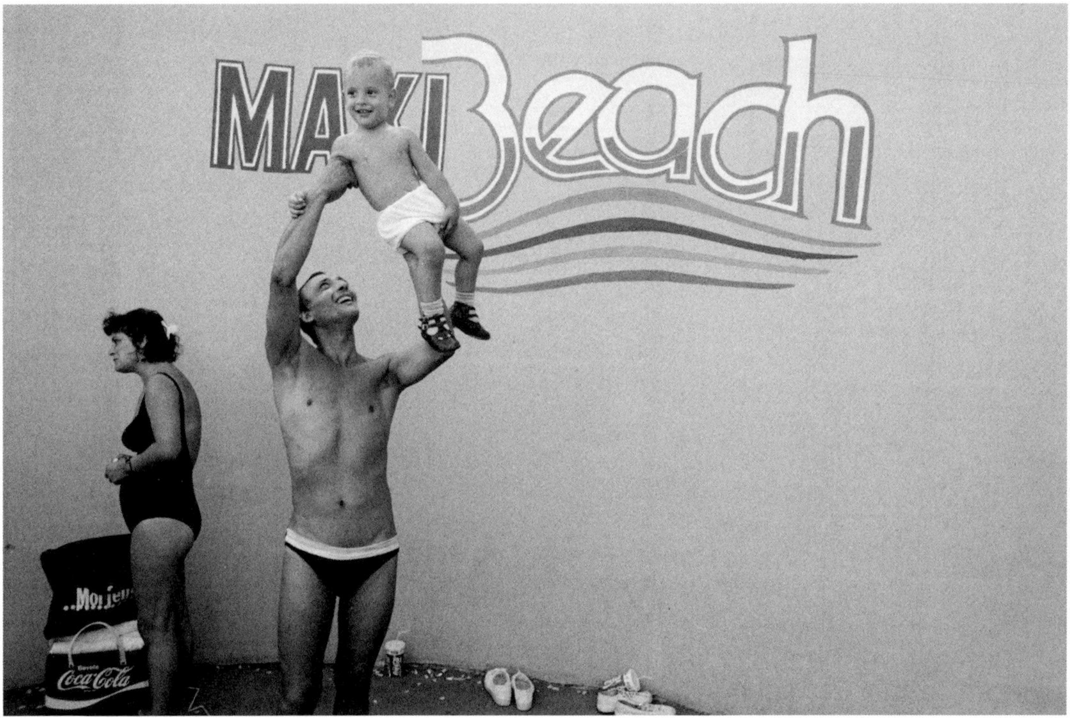

Riccione, Emilia-Romagna, Italia, 1989.

Riccione, Emilia-Romagna, Italy, 1989.

Ferdinando Scianna

Riccione, Emilia-Romagna, Italia, 1989.

Riccione, Emilia-Romagna, Italy, 1989.

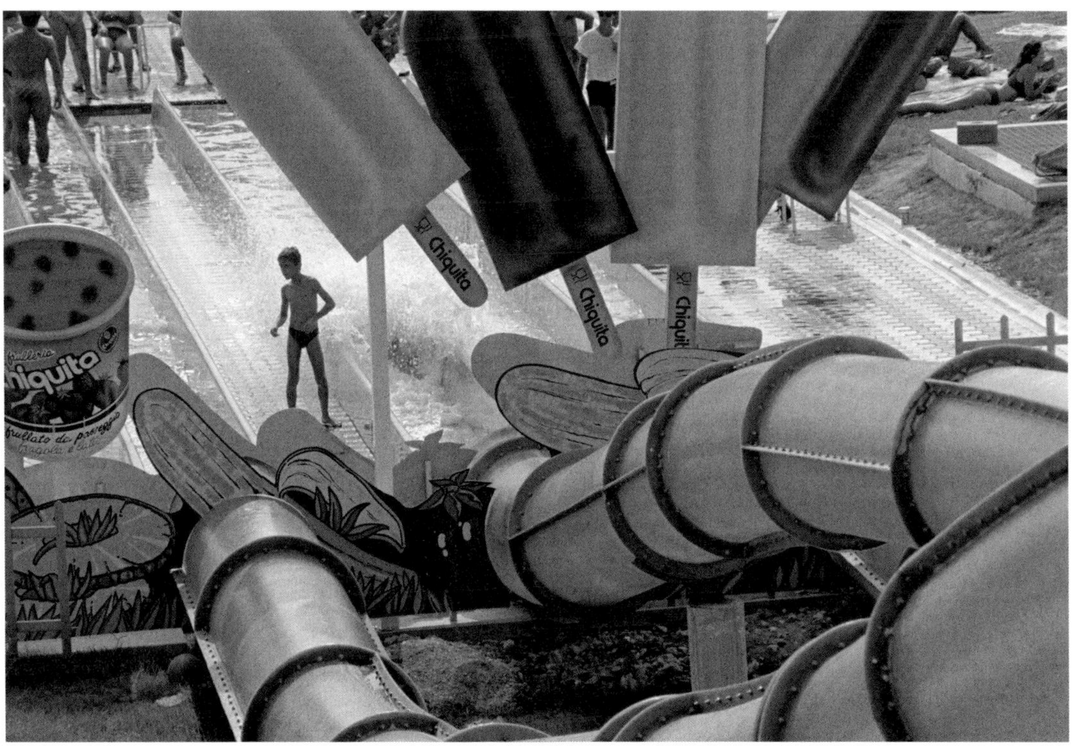

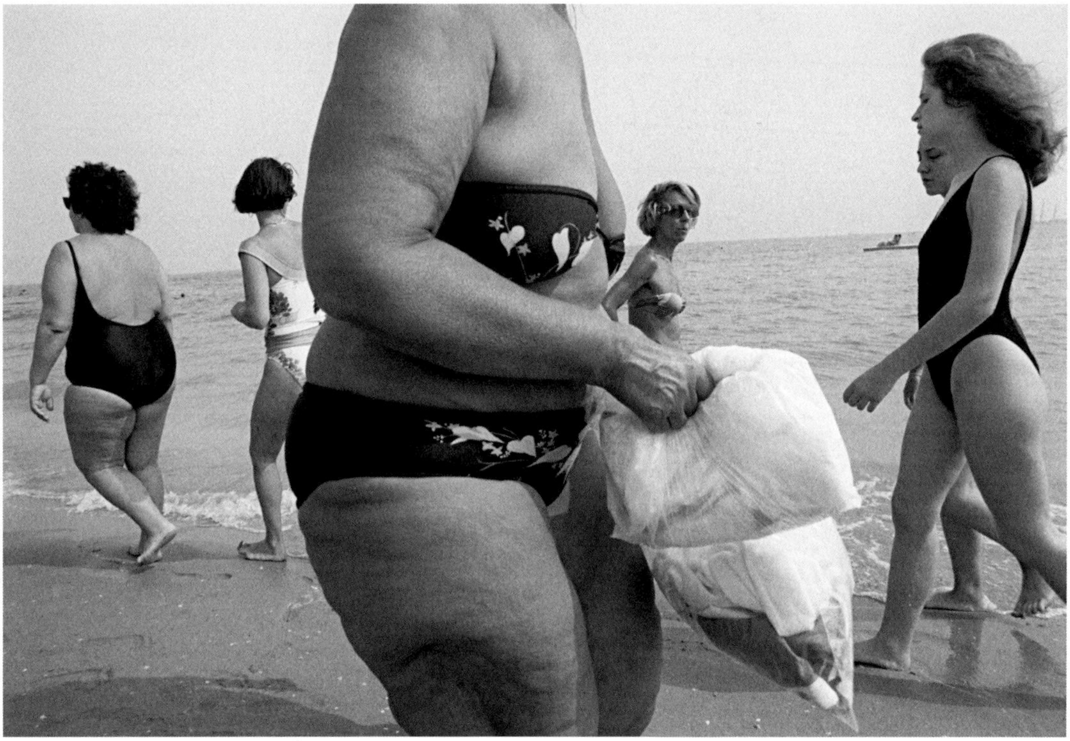

Riccione, Emilia-Romagna, Italia, 1989.

Riccione, Emilia-Romagna, Italy, 1989.

Ferdinando Scianna

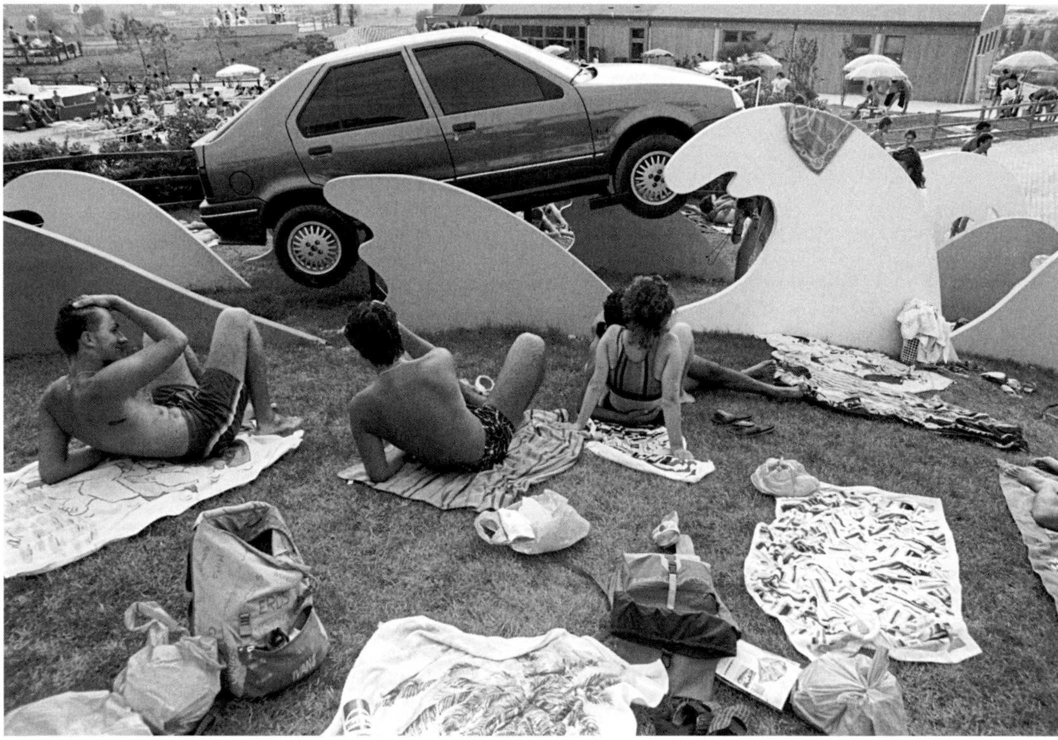

Riccione, Emilia-Romagna, Italia, 1989.

Riccione, Emilia-Romagna, Italy, 1989.

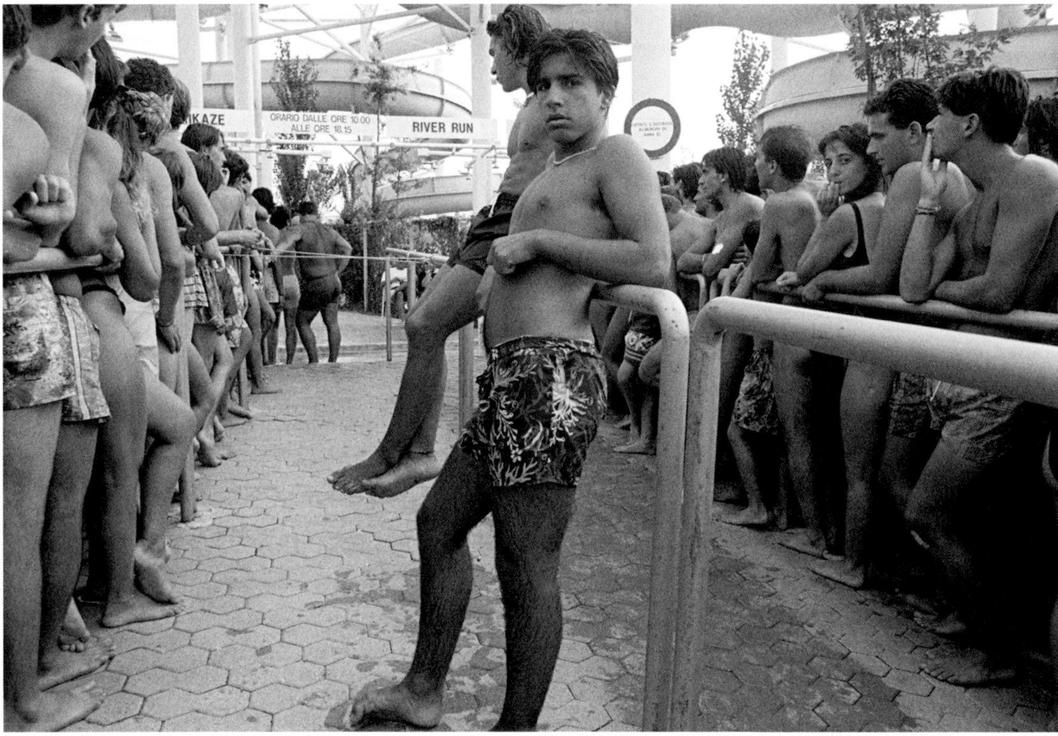

La coda per il tobogan, Riccione,
Emilia-Romagna, Italia, 1989.

The queue for the toboggan, Riccione,
Emilia-Romagna, Italy, 1989.

Ferdinando Scianna

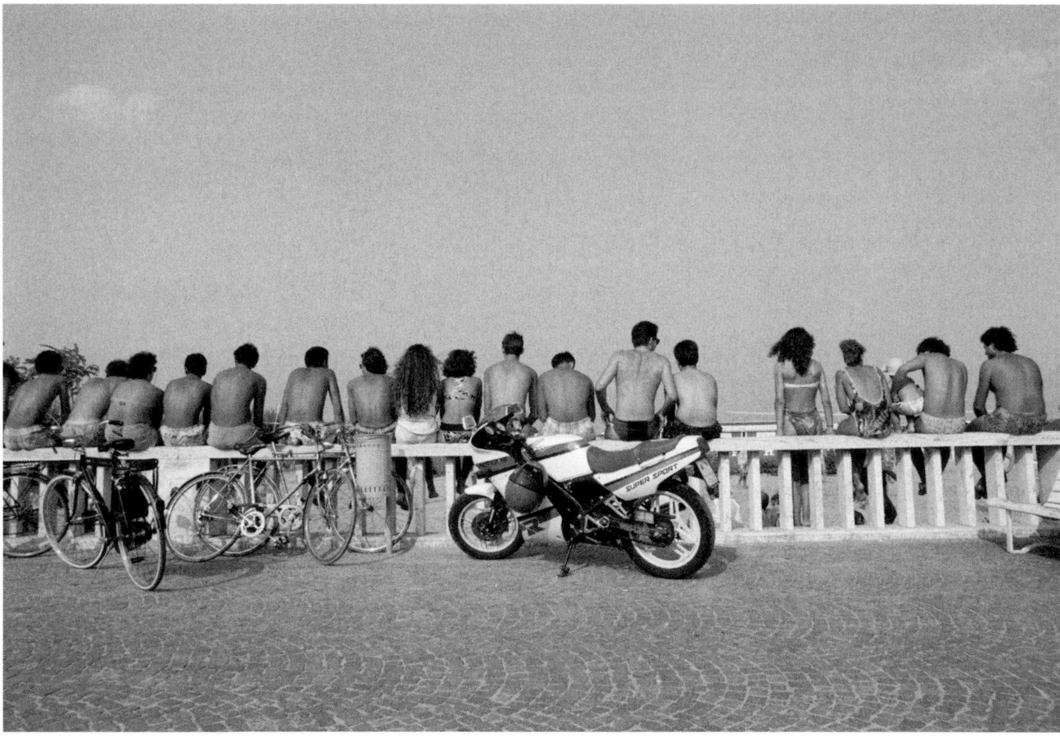

Ragazzi sul lungomare, Riccione,
Emilia-Romagna, Italia, 1989.

Boys on the seafront, Riccione,
Emilia-Romagna, Italy, 1989.

Riccione, Emilia-Romagna, Italia, 1989.

Riccione, Emilia-Romagna, Italy, 1989.

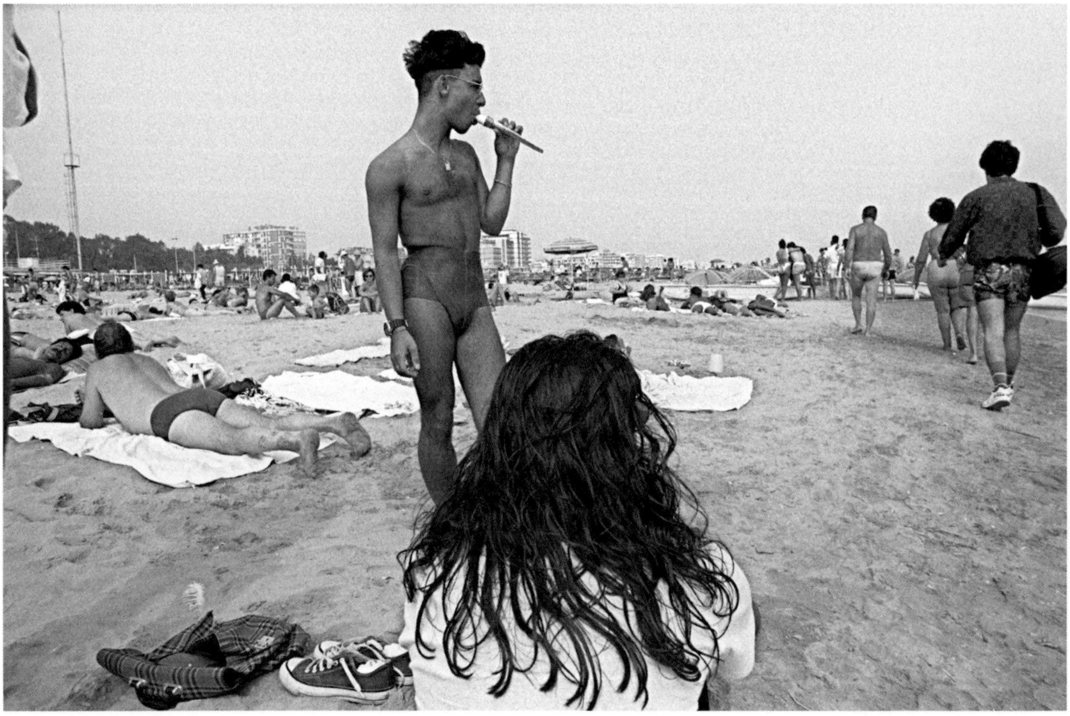

Ferdinando Scianna

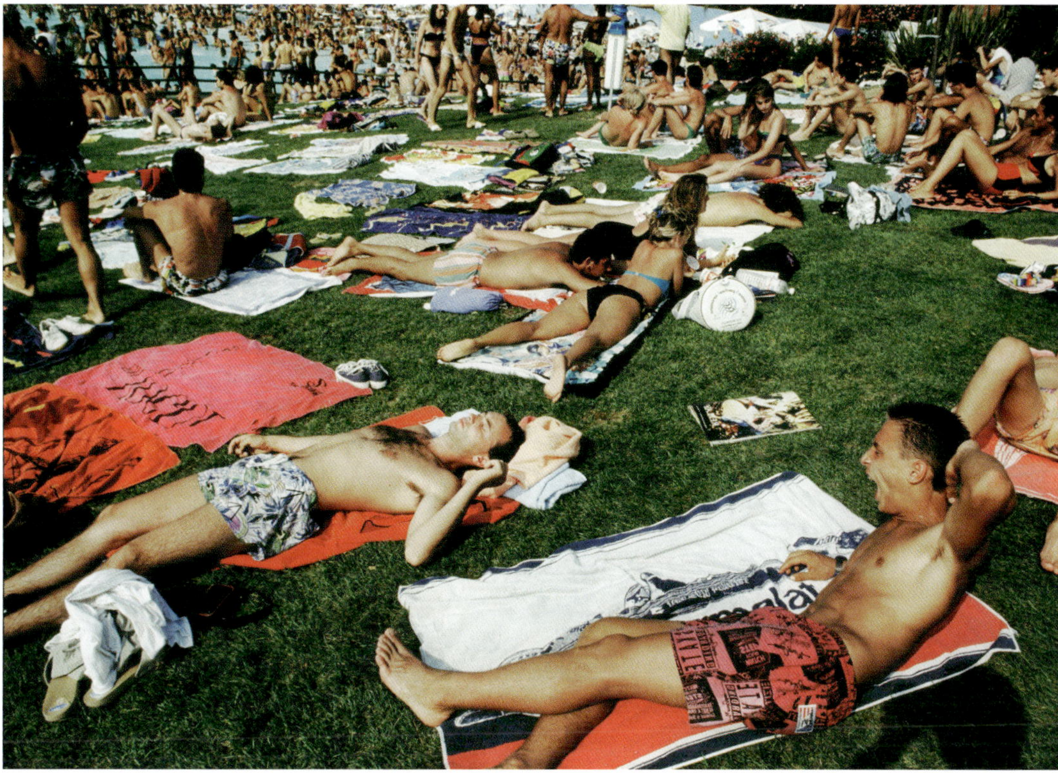

Vacanze di metà agosto, sdraiati accanto alla piscina, Riccione, Emilia-Romagna, Italia, 1989.

Mid-August holidays, laying by the swimming-pool, Riccione, Emilia-Romagna, Italy, 1989.

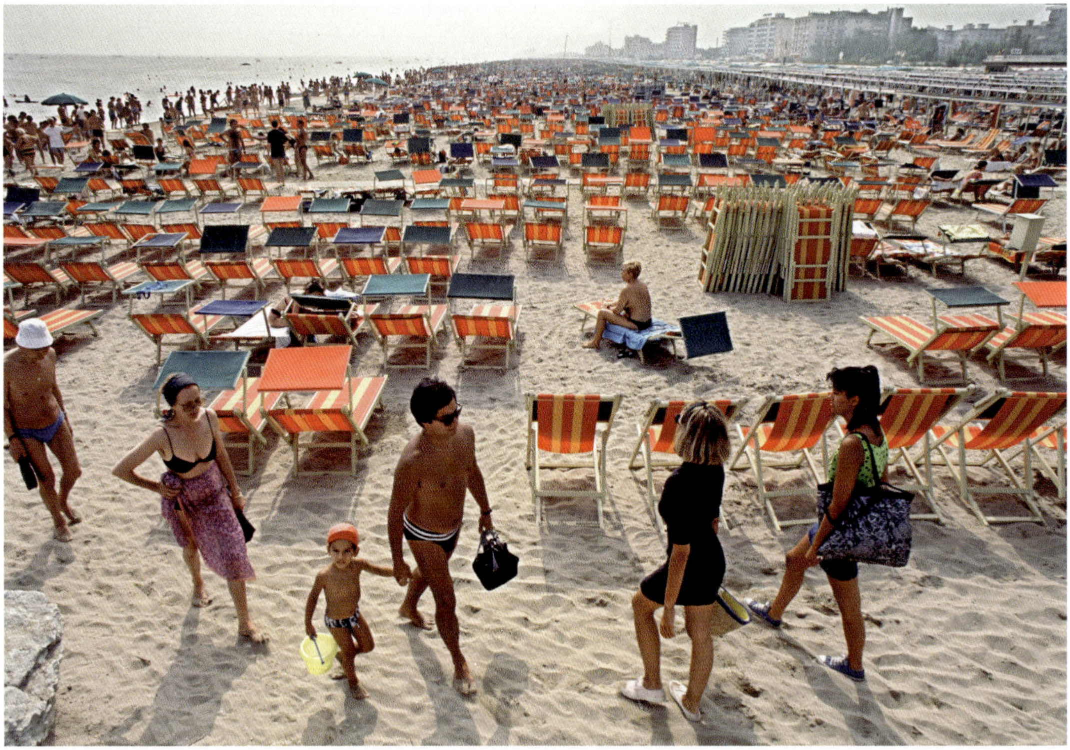

Vacanze di metà agosto, Riccione,
Emilia-Romagna, Italia, 1989.

Mid-August holidays, Riccione,
Emilia-Romagna, Italy, 1989.

Ferdinando Scianna

Vacanze di metà agosto, Riccione,
Emilia-Romagna, Italia, 1989.

Mid-August holidays, Riccione,
Emilia-Romagna, Italy, 1989.

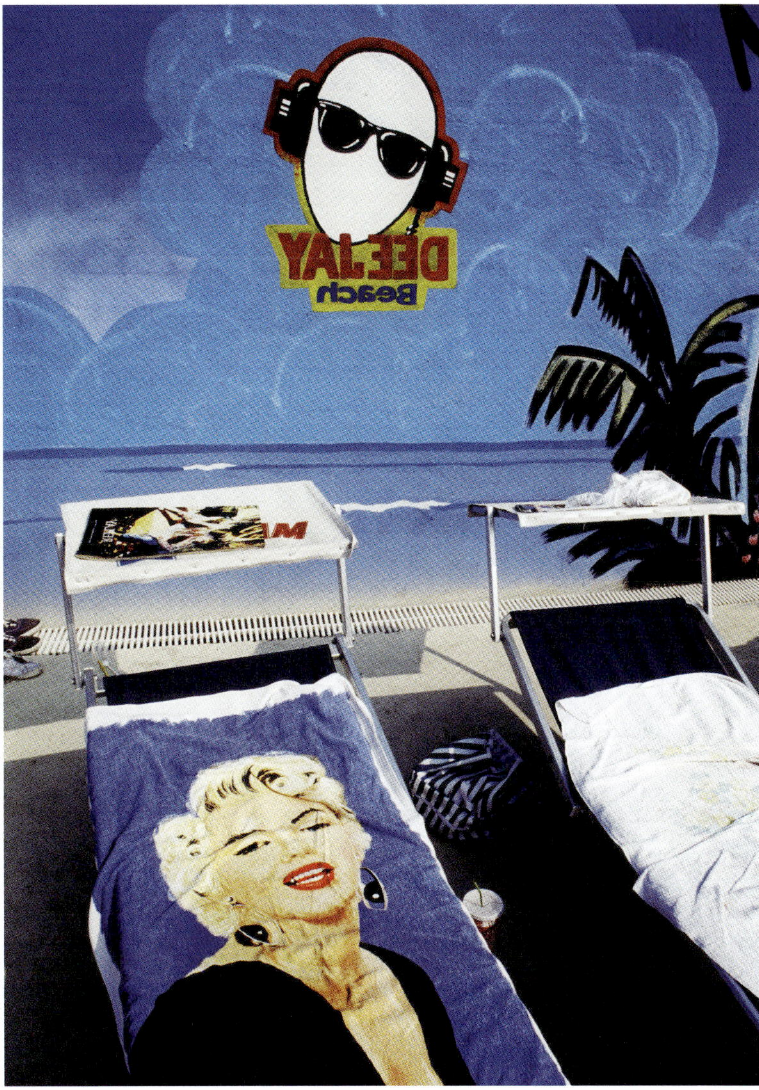

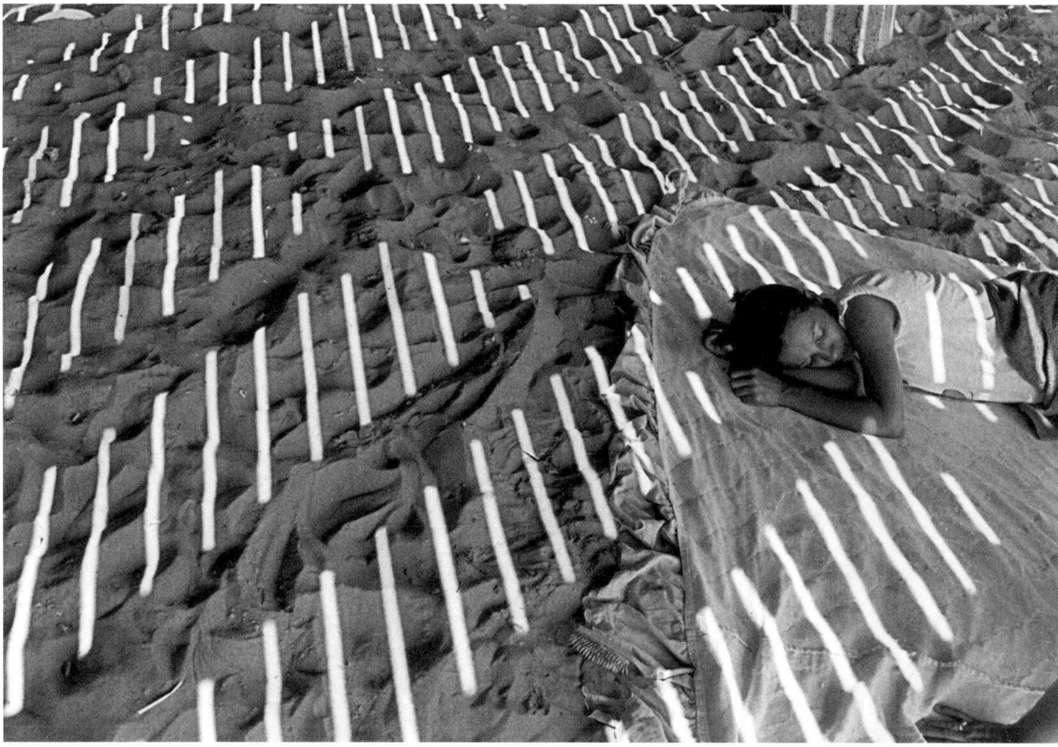

Coney Island, New York City, USA, 1985.

Coney Island, New York City, USA, 1985.

Ferdinando Scianna

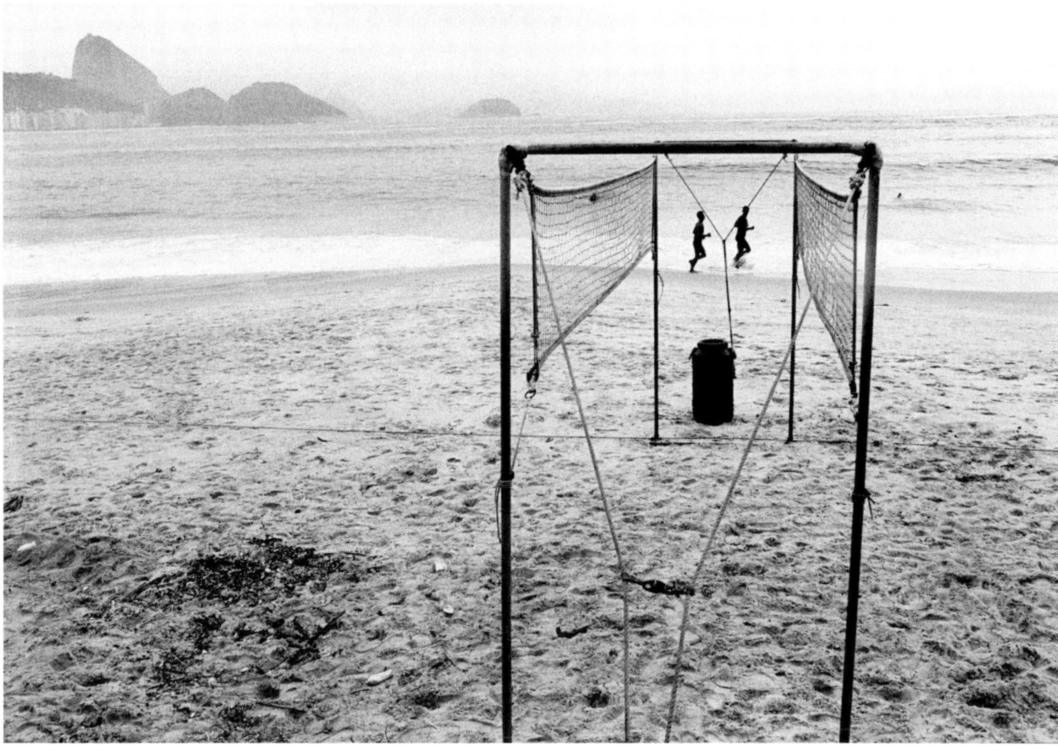

Rio de Janeiro, Brasile, 1986.

Rio de Janeiro, Brazil, 1986.

Celia Forner sulla spiaggia, Bali, Indonesia, 1989.

Celia Forner at the beach, Bali, Indonesia, 1989.

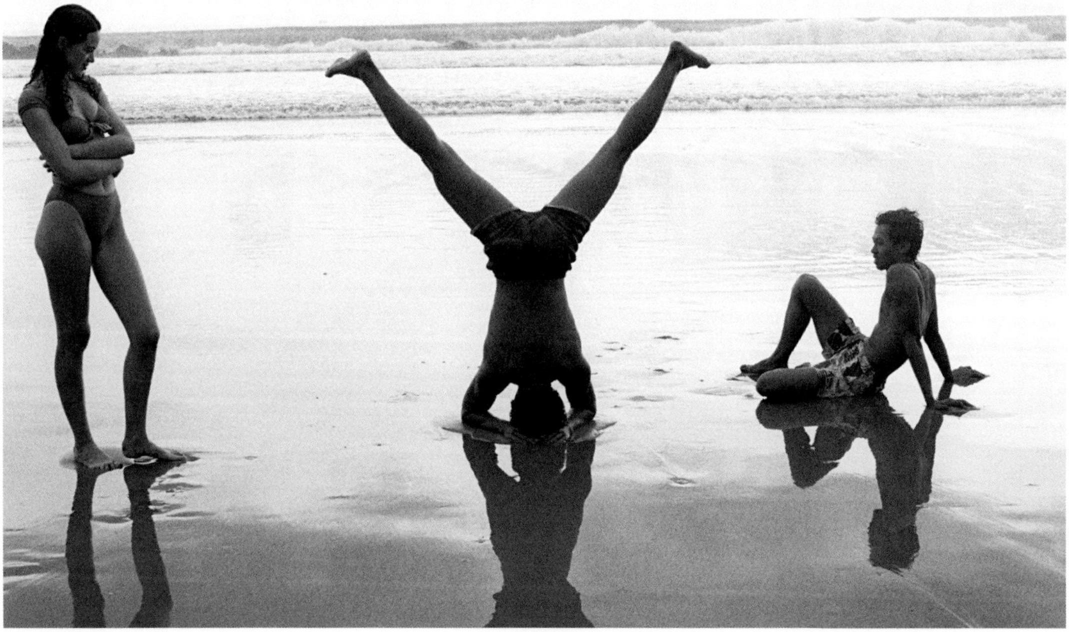

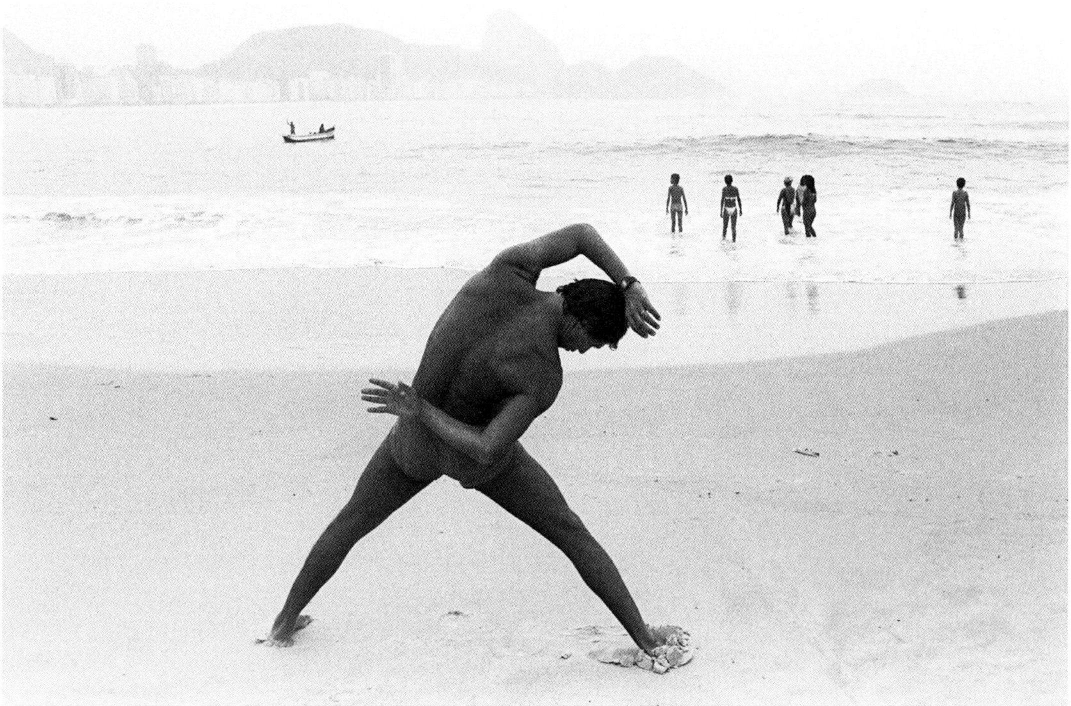

Rio de Janeiro, Brasile, 1986.

Rio de Janeiro, Brazil, 1986.

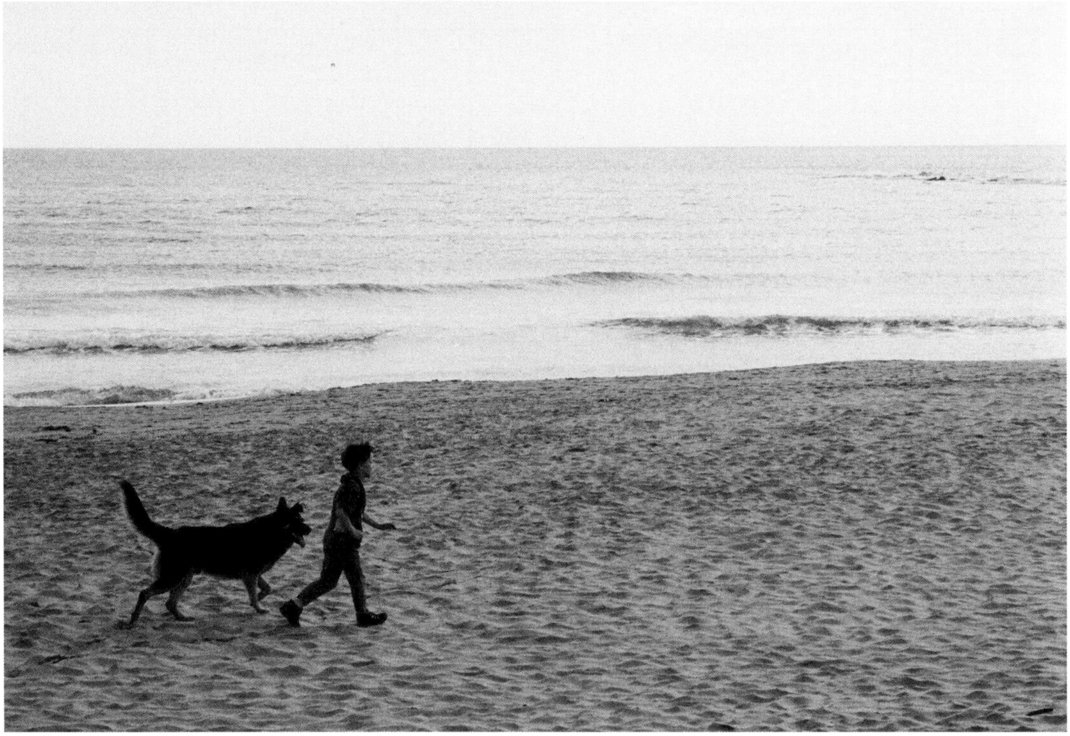

Saintes-Maries de-la-Mer, Francia, 1968.

Saintes-Maries de-la-Mer, France, 1968.

Ferdinando Scianna

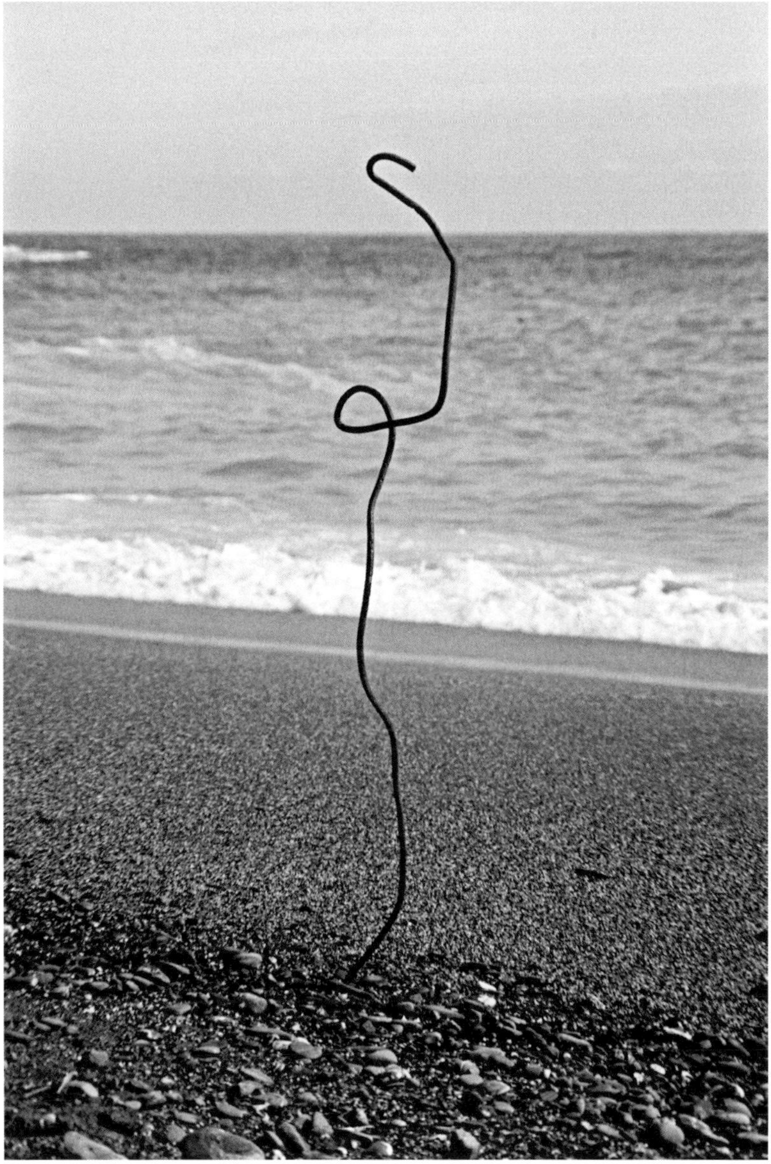

I luoghi di Eugenio Montale, Cinque Terre, Liguria, Italia, 1967.

Eugenio Montale's places, Cinque Terre, Liguria, Italy, 1967.

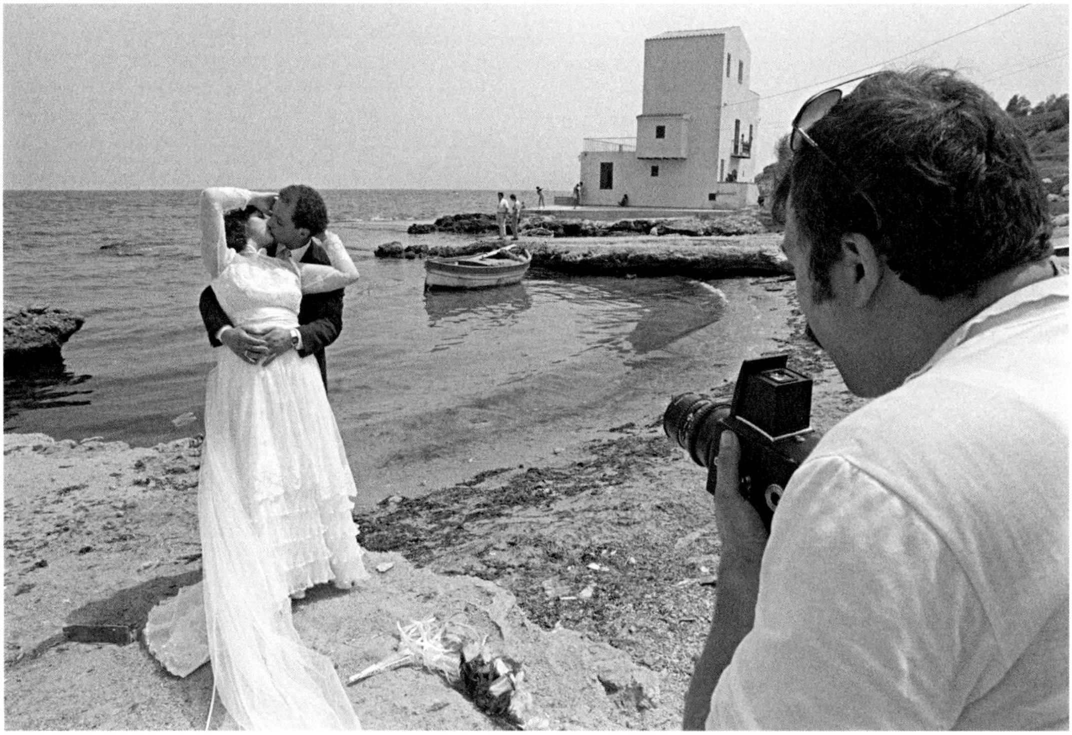

Coppia di sposi che posa, Sant'Elia,
Sicilia, Italia, 1983.

A just married couple posing, Sant'Elia,
Sicily, Italy, 1983.

Ferdinando Scianna

Maiorca, Spagna, 2000.

Majorca, Spain, 2000.

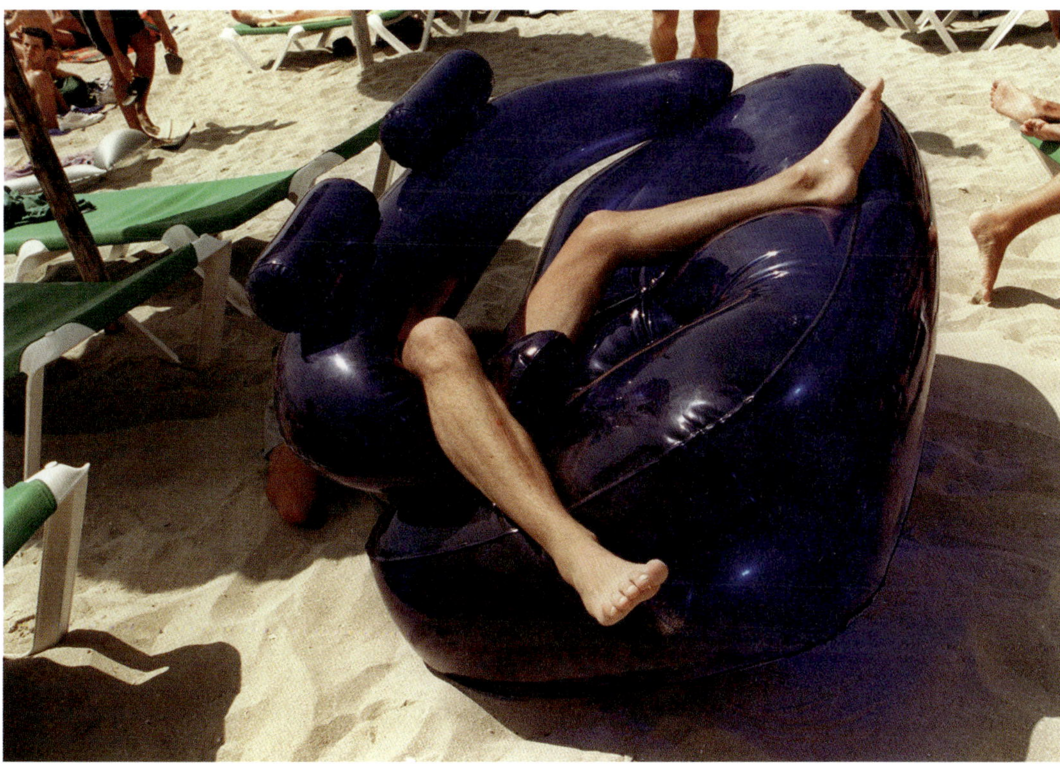

Ferdinando Scianna

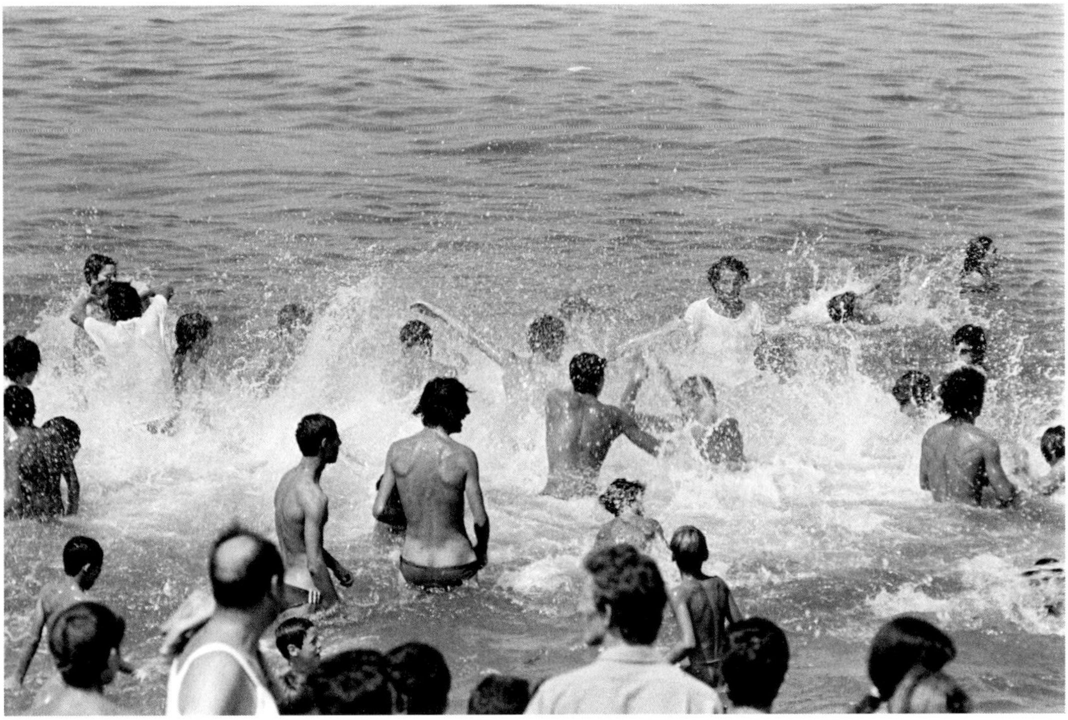

Festa della Madonna dell'Assunta,
Aspra, Sicilia, Italia, 1981.

Madonna dell'Assunta's feast,
Aspra, Sicily, Italy, 1981.

Bruno Barbey

"Il più delle volte fotografo per documentare
ai posteri tradizioni e culture che stanno rapidamente
scomparendo a seguito del mutato atteggiamento
dei consumatori."

"Most of the time I take photographs to document
for posterity, traditions and cultures rapidly vanishing
as a result of changing consumer attitudes."

On the beach

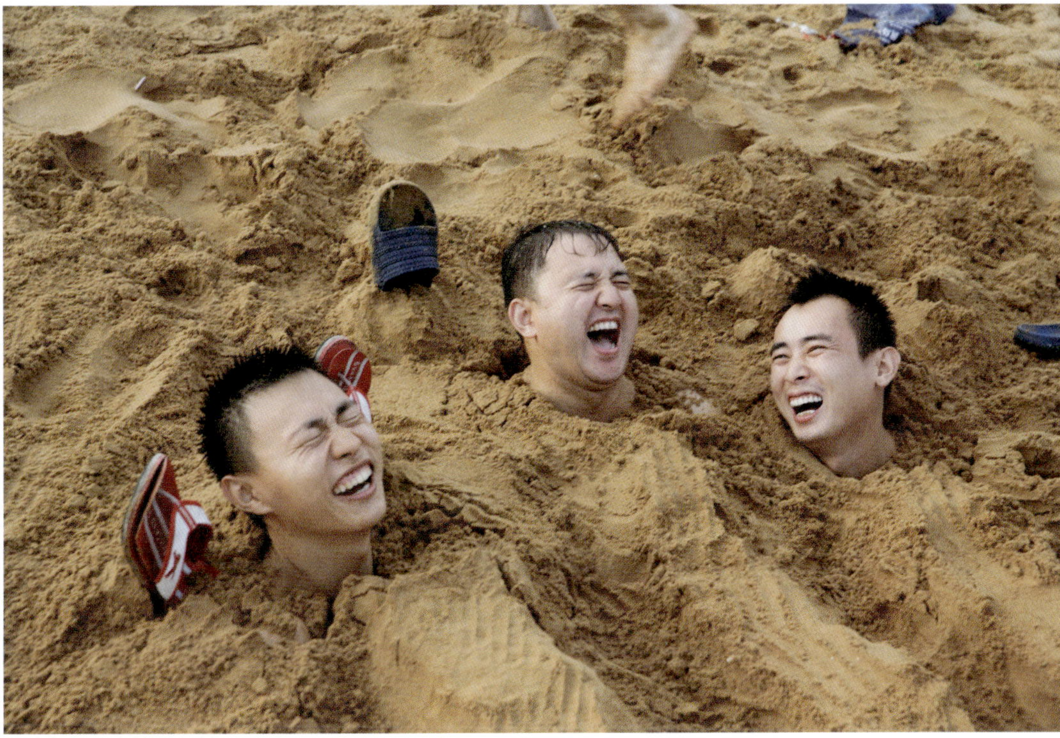

Qingdao, provincia di Shandong, Cina, 2015.

Qingdao, Shandong province, China, 2015.

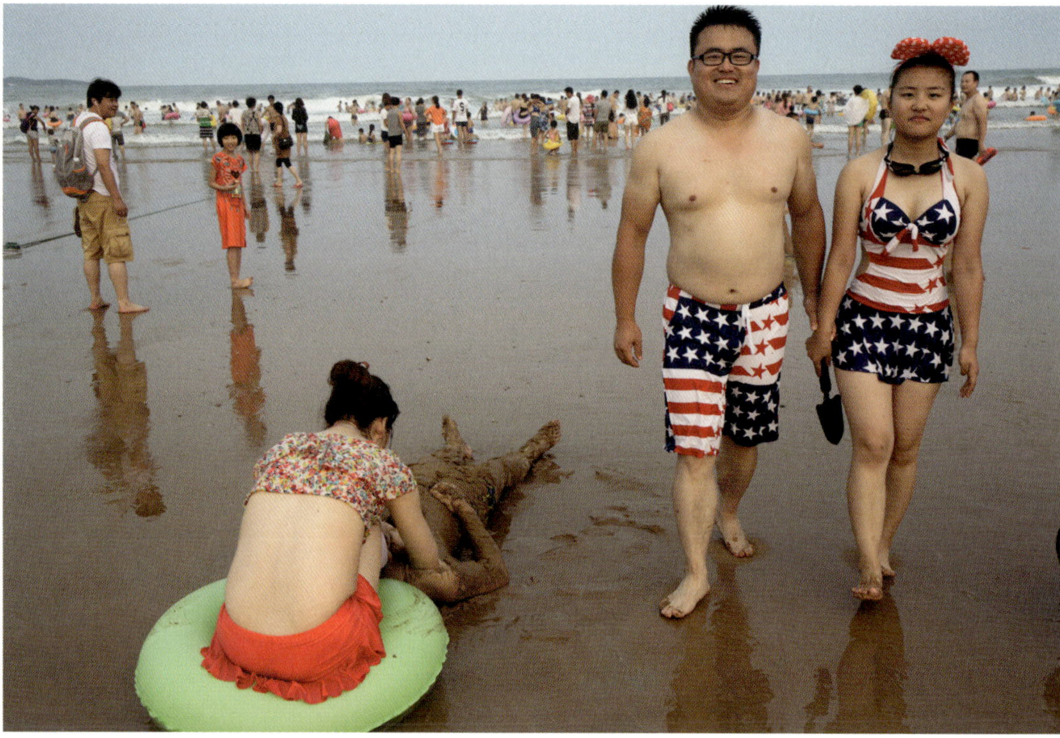

Qingdao, provincia di Shandong,
Cina, 2015.

Qingdao, Shandong province,
China, 2015.

Bruno Barbey

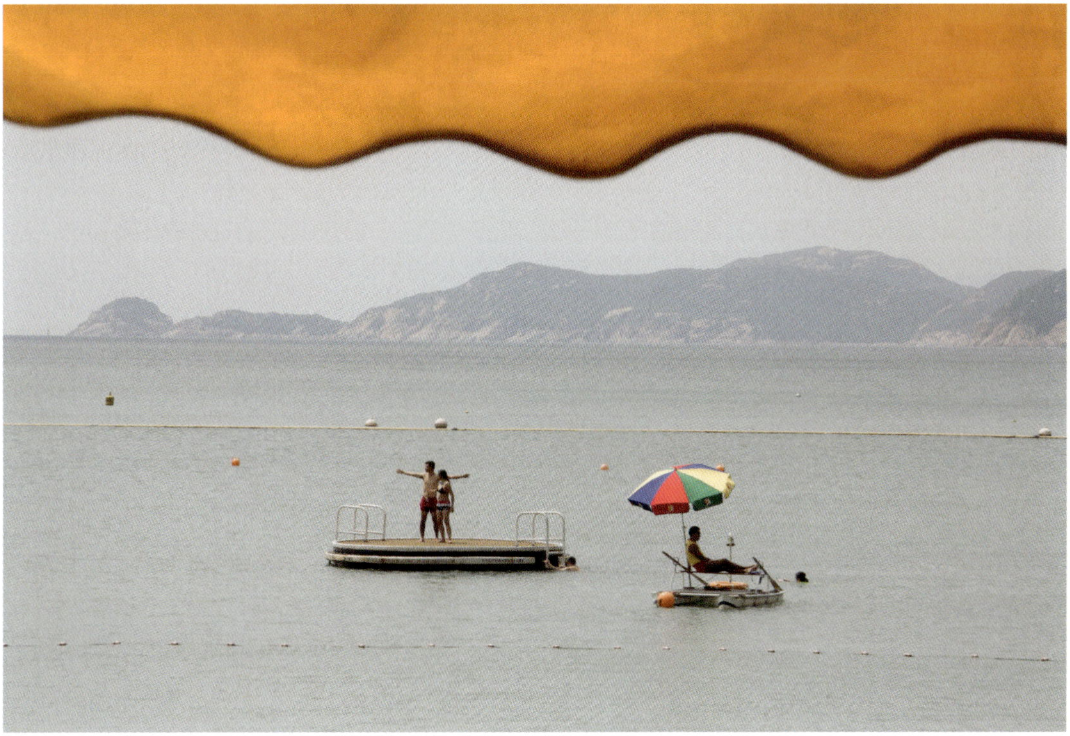

Repulse Bay, turista cinese, Hong Kong, Cina, 2017.

Repulse Bay, Chinese tourist, Hong Kong, China, 2017.

Qingdao, provincia di Shandong, Cina, 2015.

Qingdao, Shandong province, China, 2015.

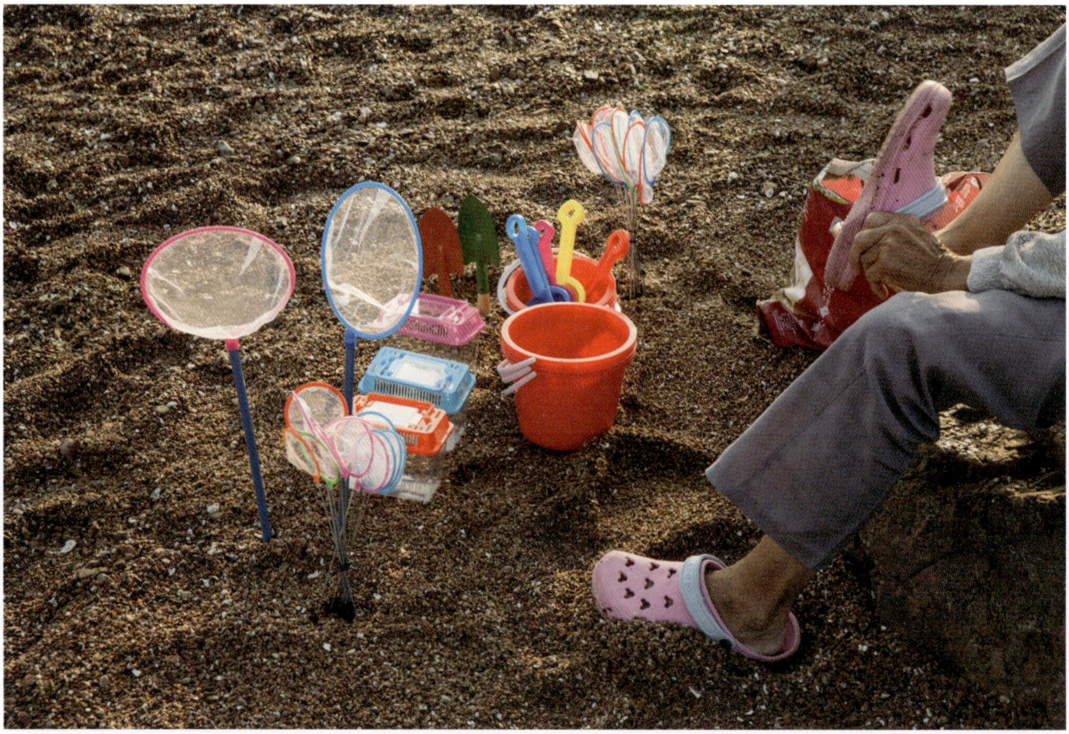

Bruno Barbey

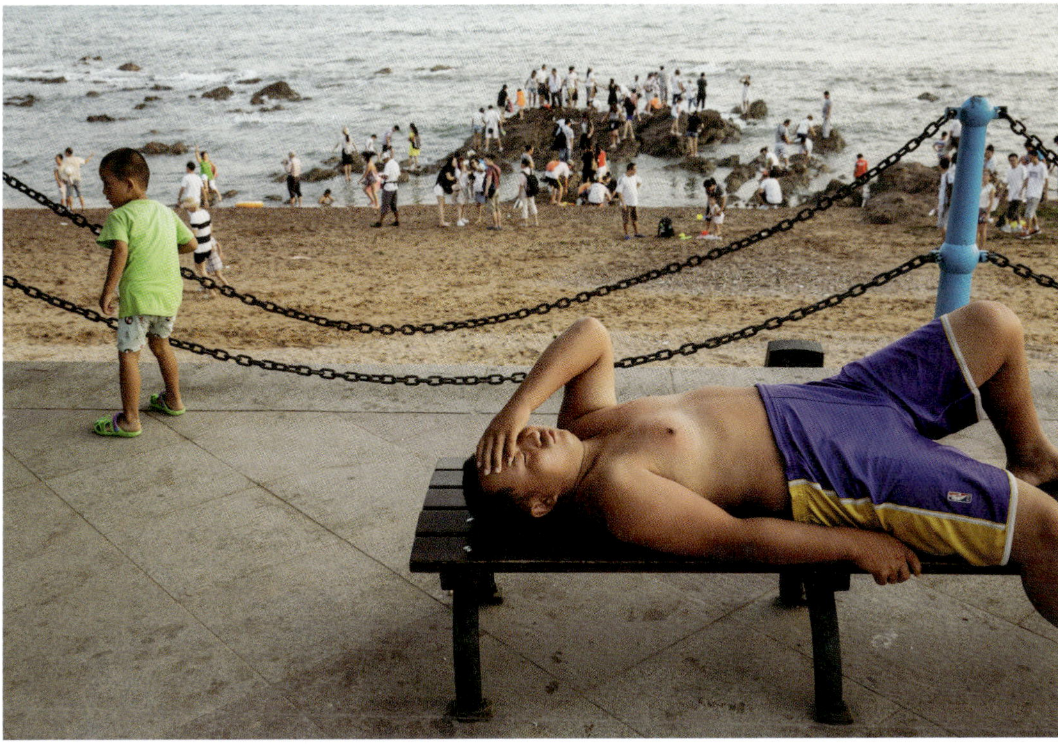

Qingdao, provincia di Shandong, Cina, 2015.

Qingdao, Shandong province, China, 2015.

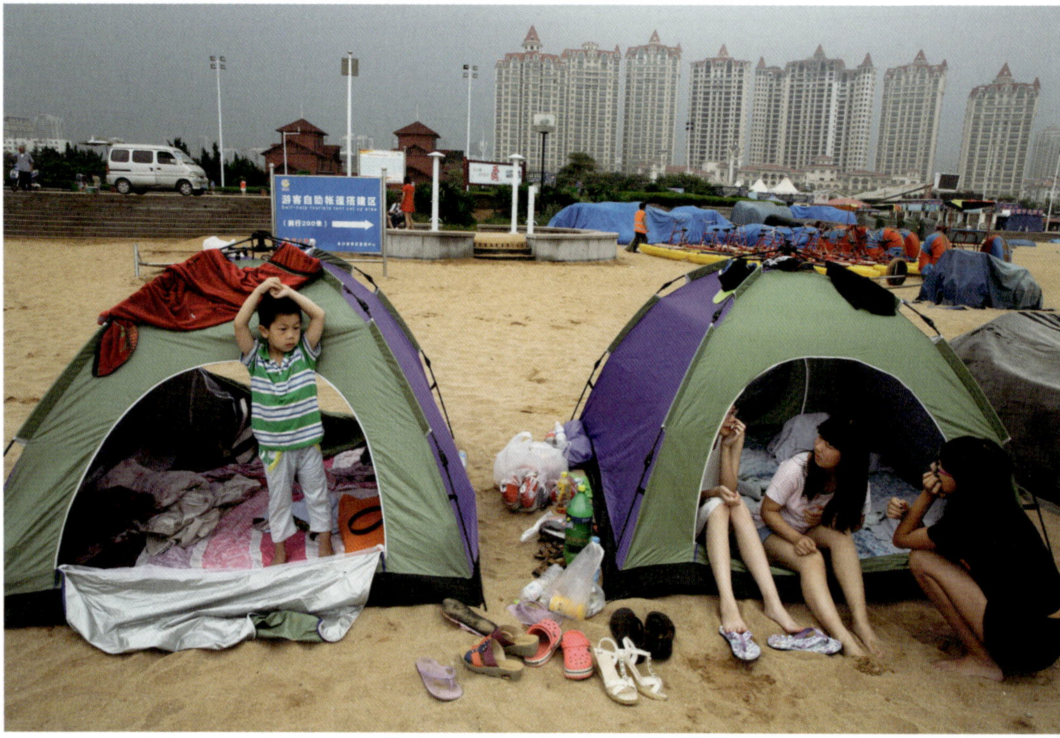

Qingdao, provincia di Shandong, Cina, 2015.

Qingdao, Shandong province, China, 2015.

Bruno Barbey

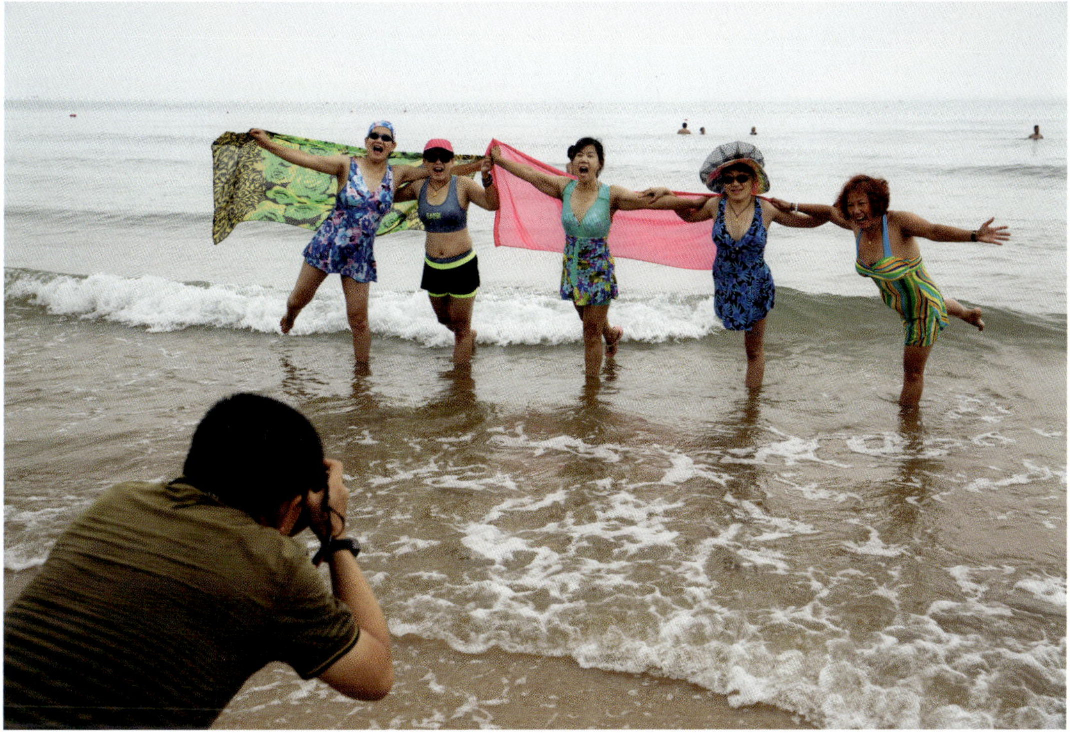

Qingdao, provincia di Shandong, Cina, 2015.

Qingdao, Shandong province, China, 2015.

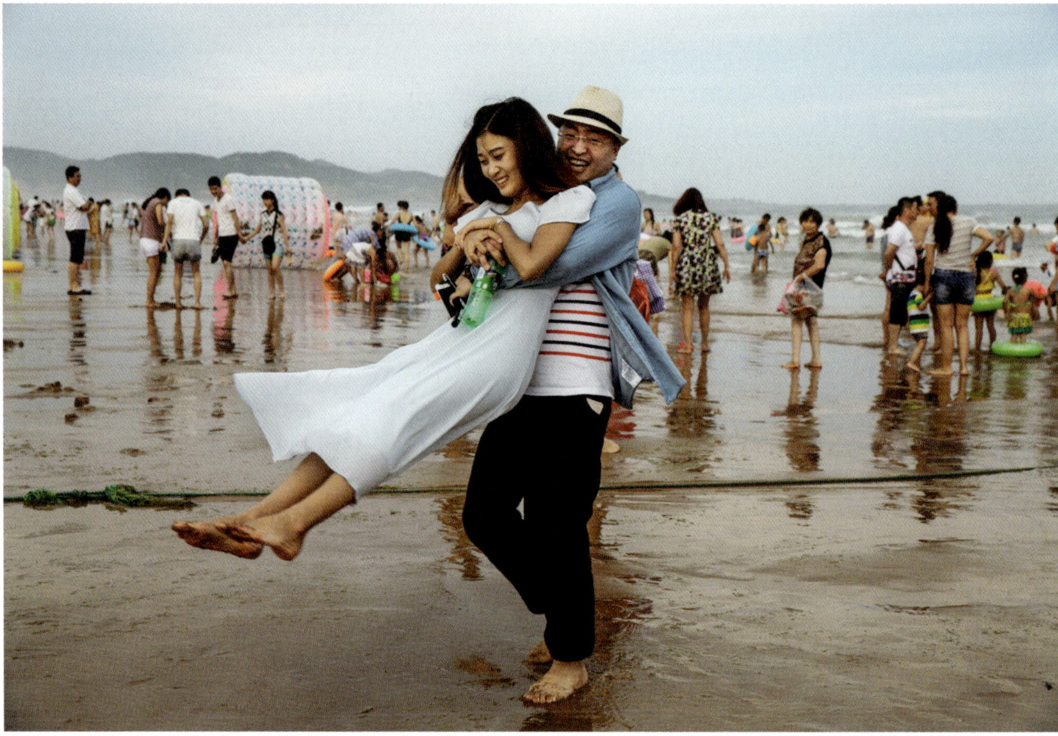

Qingdao, provincia di Shandong, Cina, 2015.

Qingdao, Shandong province, China, 2015.

Bruno Barbey

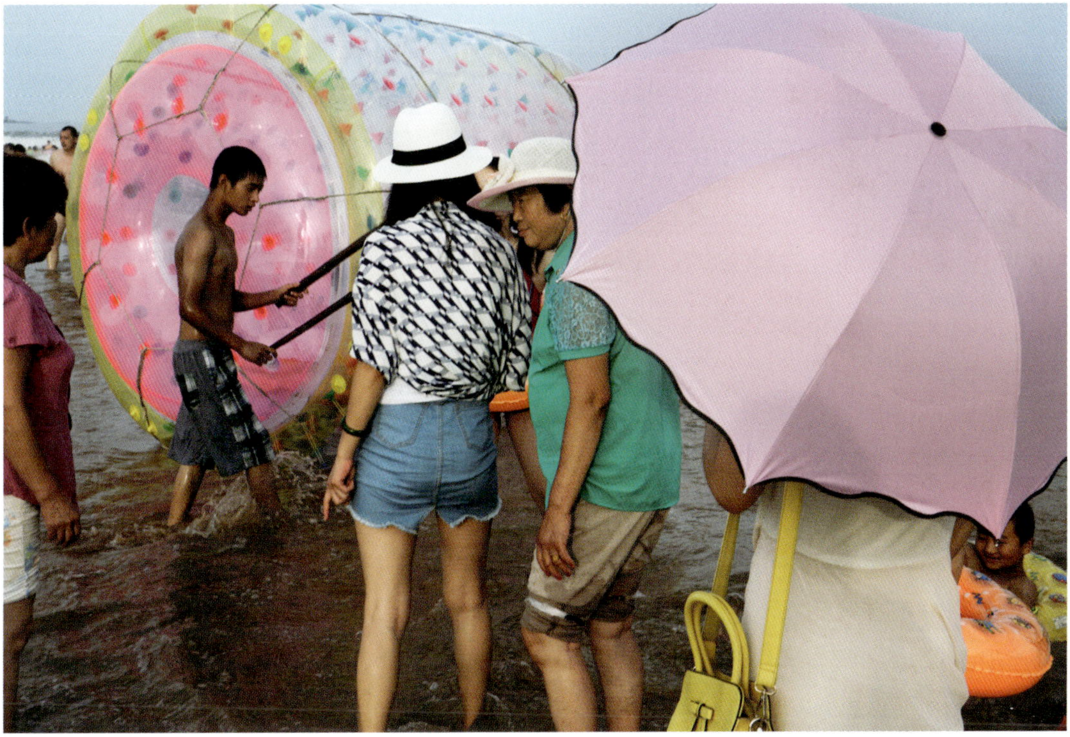

Qingdao, provincia di Shandong, Cina, 2015.

Qingdao, Shandong province, China, 2015.

Bruno Barbey

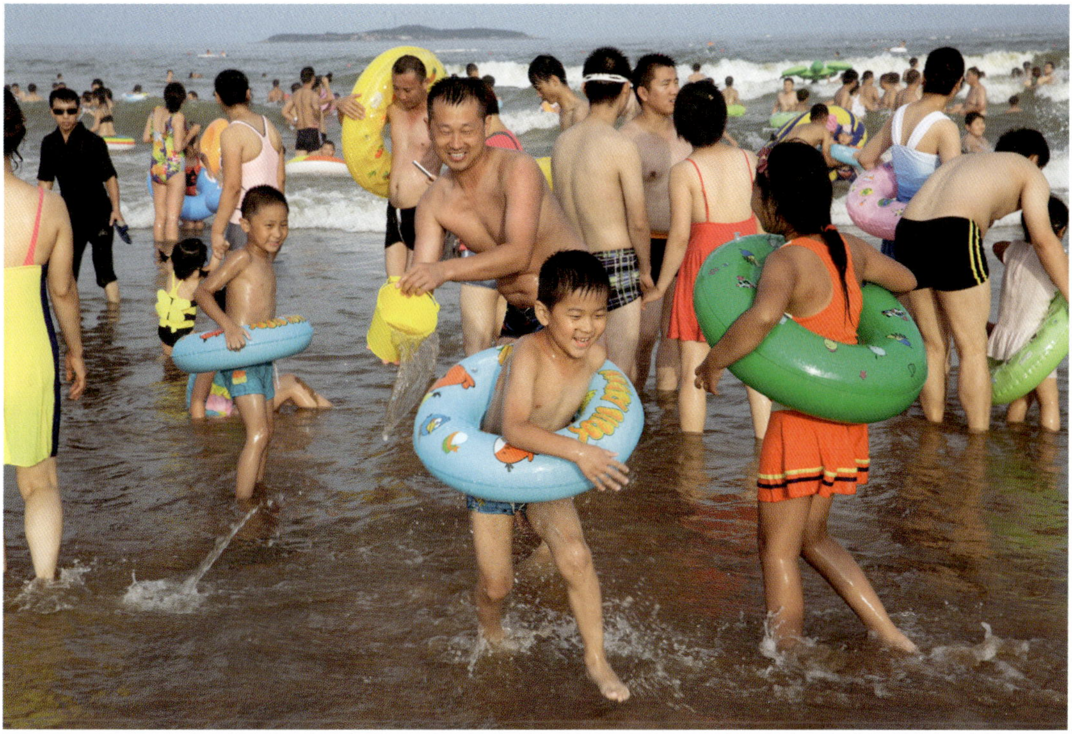

Qingdao, provincia di Shandong, Cina, 2015.

Qingdao, Shandong province, China, 2015.

Bruce Gilden

"Rispetto a New York, Coney Island è stata una passeggiata. Qui le persone sono sedute o sdraiate sulla spiaggia, non si muovono: il che non vuol dire che si riesce automaticamente a scattare delle belle foto, ma è più facile."

"Compared to New York, Coney Island was a cake walk. There, people are sitting or lying on the beach, not moving—it doesn't mean you will automatically get great pictures, but it's easier."

On the beach

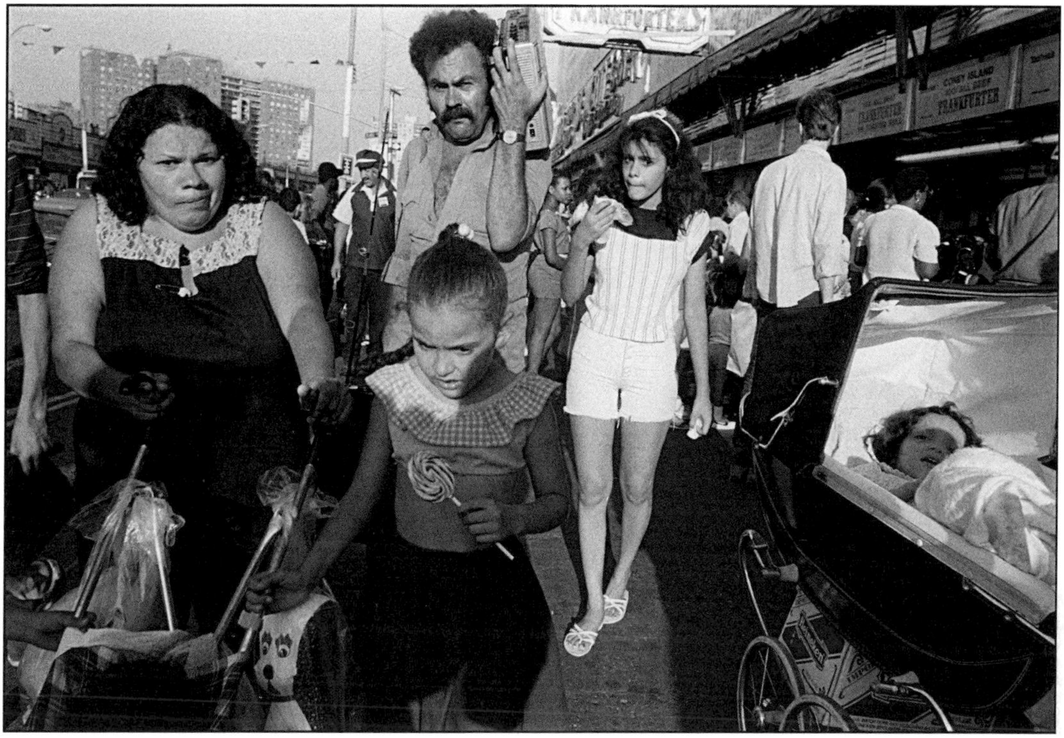

Una famiglia cammina sul lungomare affollato, Coney Island, New York, USA, 1986.

A family walks along the crowded boardwalk, Coney Island, New York, USA, 1986.

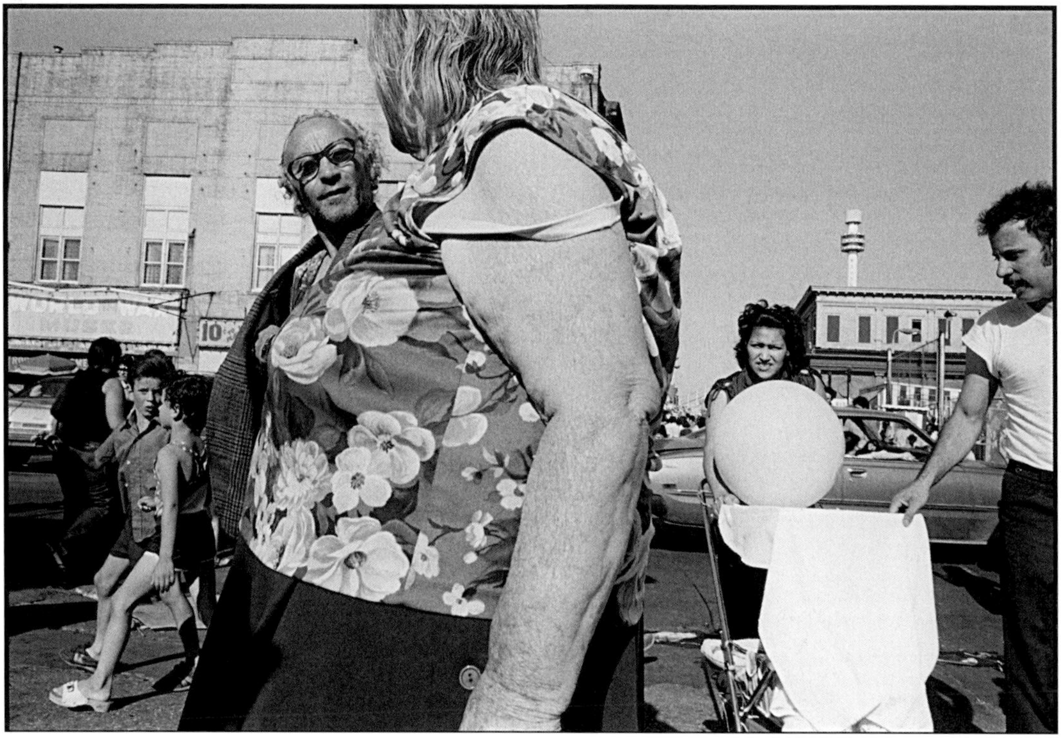

Una famiglia cammina sul lungomare,
Coney Island, New York, USA, 1986.

A family walks along the boardwalk,
Coney Island, New York, USA, 1986.

Bruce Gilden

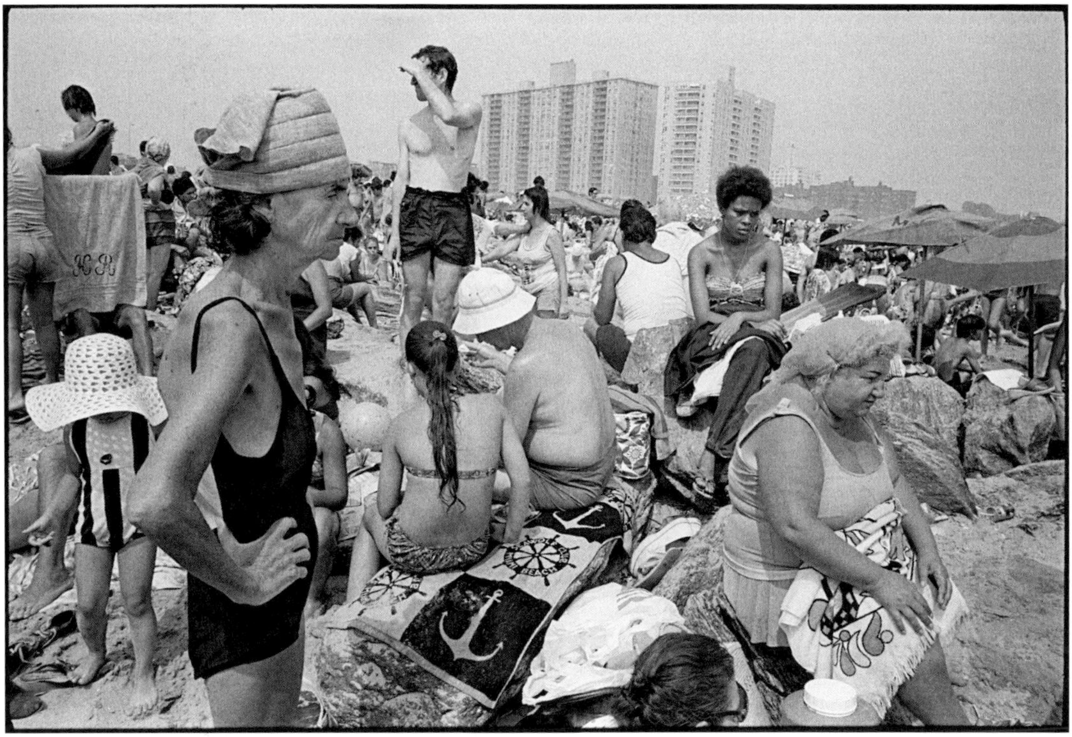

Folla di persone ammassate sulla spiaggia, Coney Island, New York, USA, 1977.

Crowds of people clustered together on the beach, Coney Island, New York, USA, 1977.

Un uomo anziano e un uomo muscoloso sulla spiaggia, Coney Island, New York, USA, 1976.

Old man and muscle man on the beach, Coney Island, New York, USA, 1976.

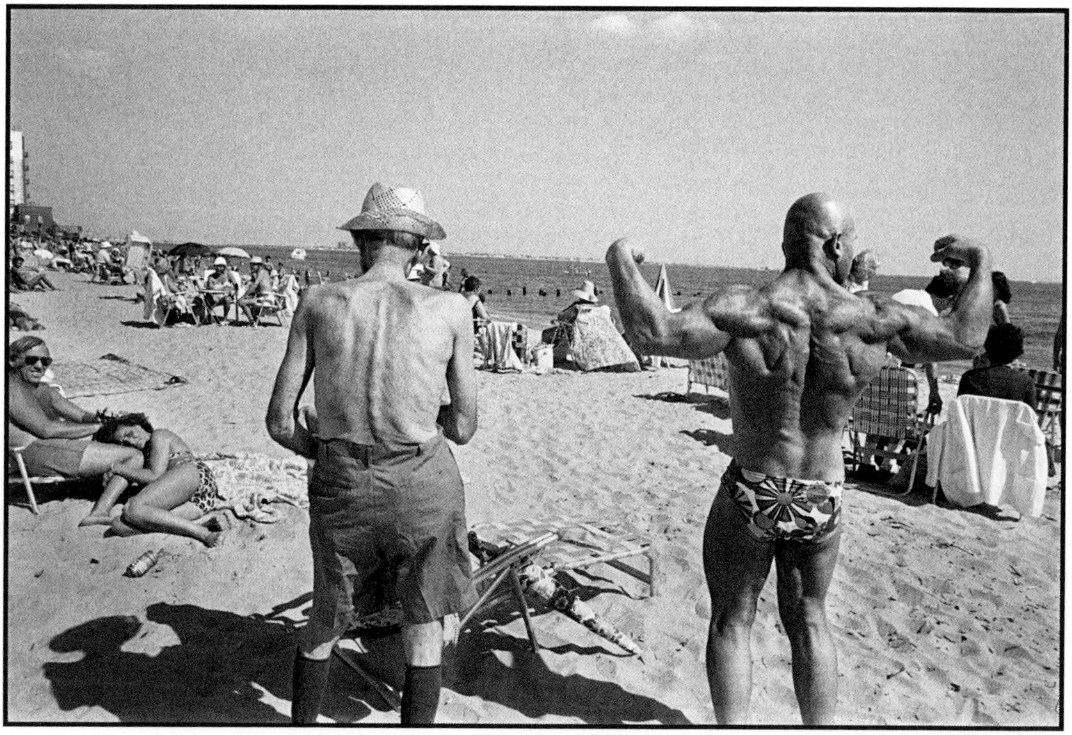

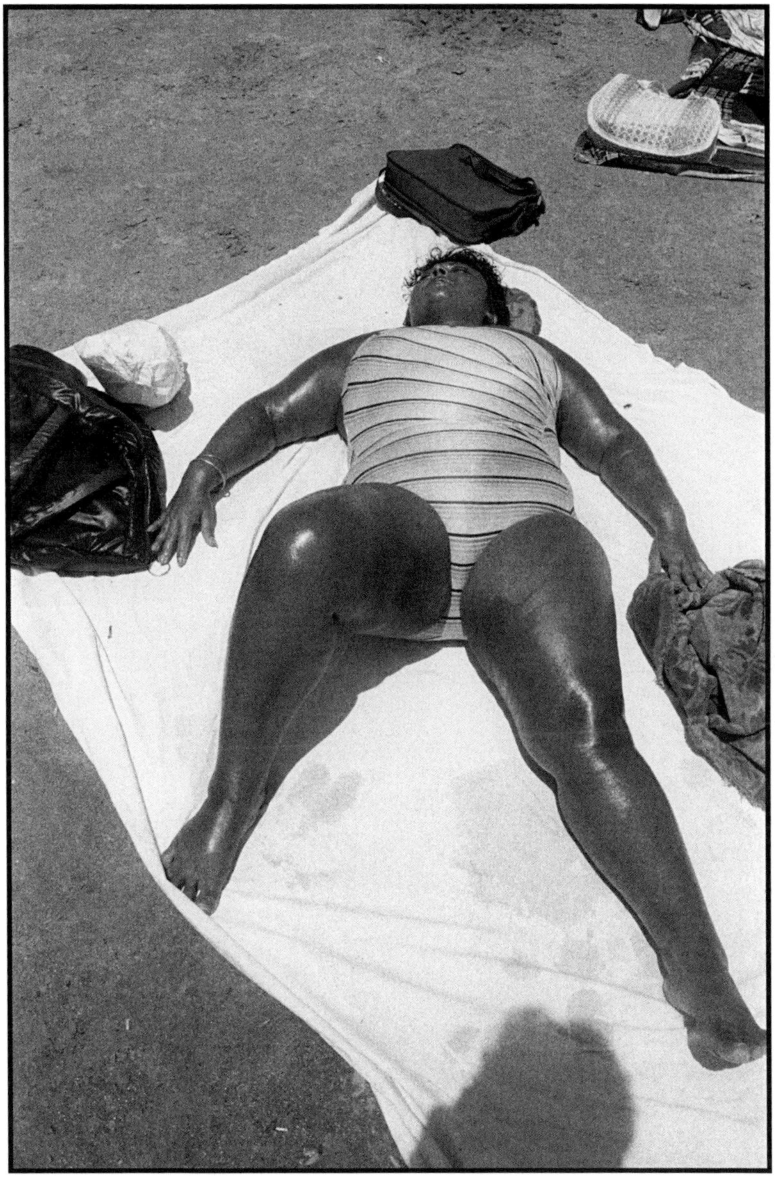

Una donna prende il sole sulla spiaggia,
Coney Island, New York, USA, 1986.

A woman sunbathes on the beach,
Coney Island, New York, USA, 1986.

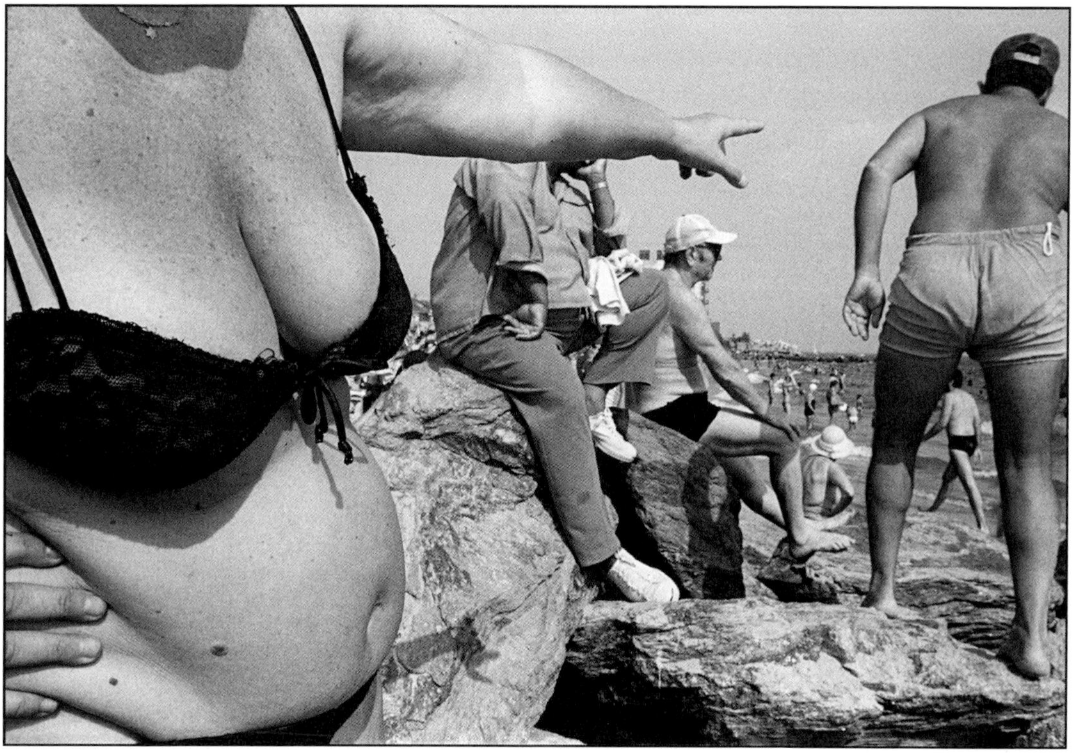

Donna sulla spiaggia che indica un uomo vicino a lei, Coney Island, New York, USA, 1986.

Woman on beach pointing at a man near her, Coney Island, New York, USA, 1986.

Bruce Gilden

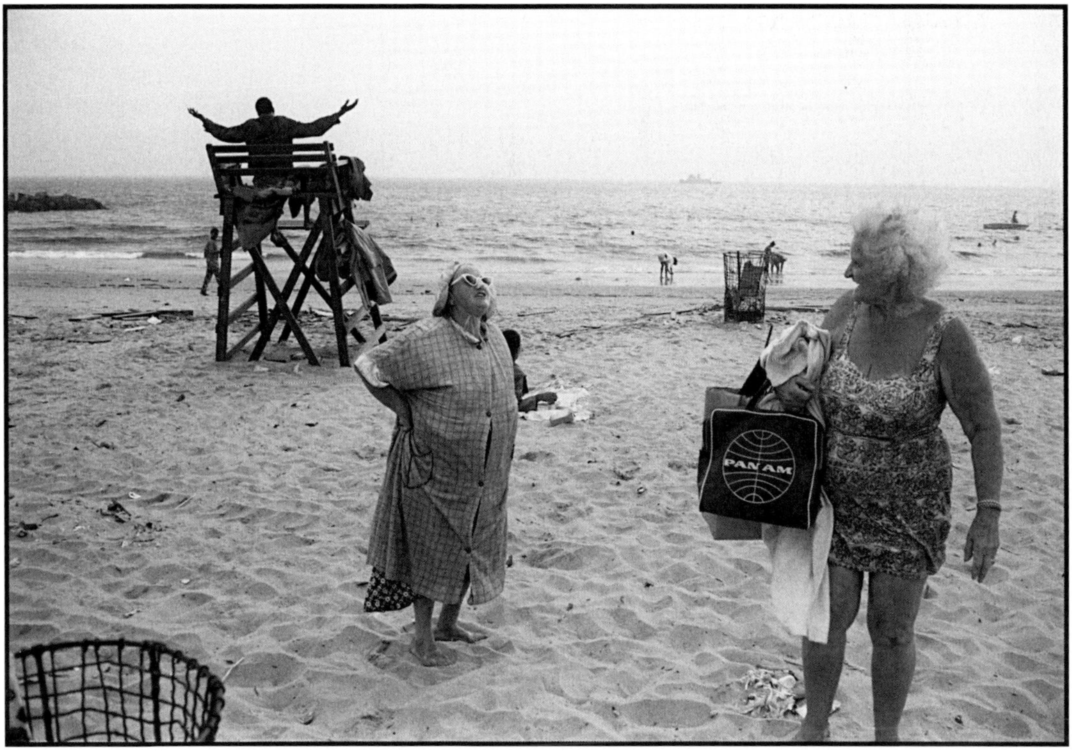

Fellini, Coney Island, New York, USA, 1969.

Fellini, Coney Island, New York, USA, 1969.

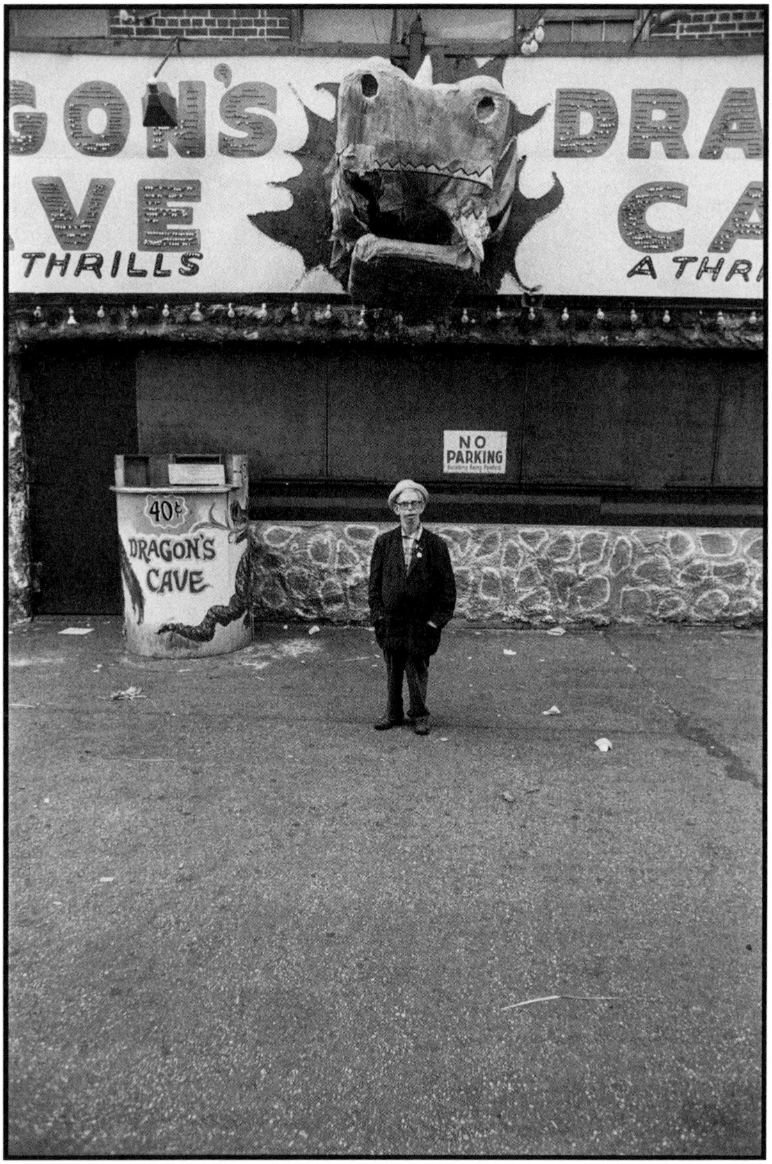

Il piccolo Louie in piedi sul lungomare deserto, Coney Island, New York, USA, 1977.

Little Louie standing on the deserted boardwalk, Coney Island, New York, USA, 1977.

Bruce Gilden

Donna nella cabina “See Her Change” sul lungomare, Coney Island, New York, USA, 1969.

Woman in “See Her Change” booth on the boardwalk, Coney Island, New York, USA, 1969.

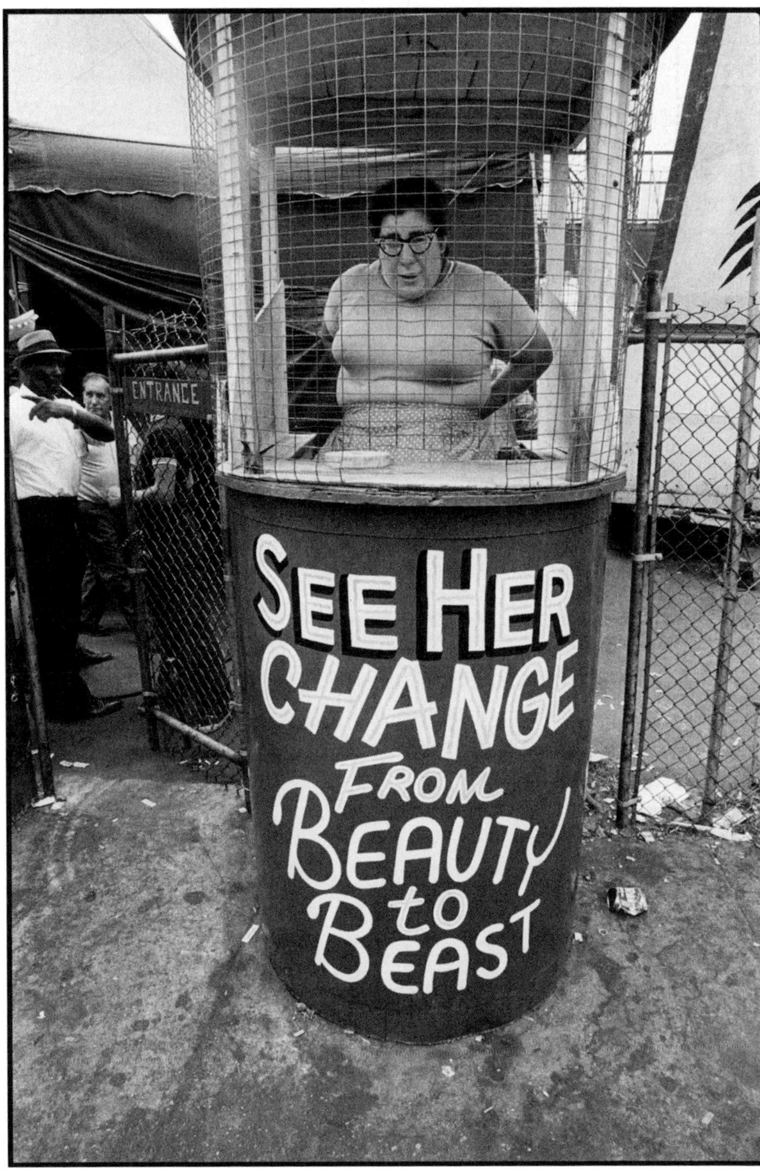

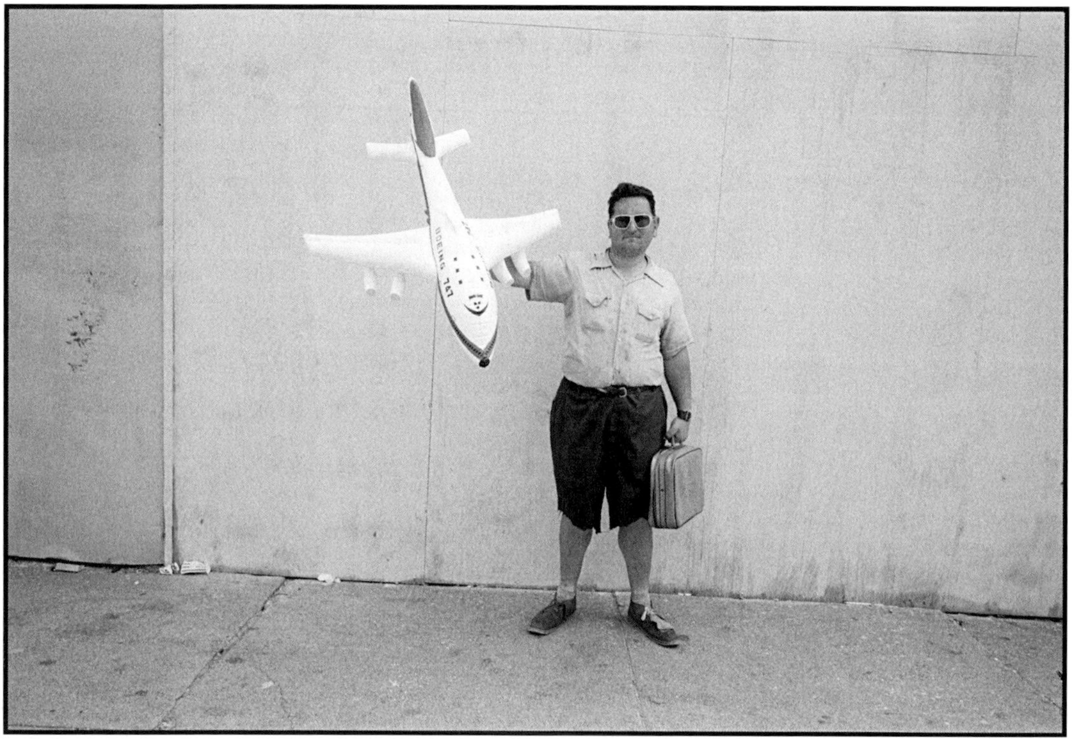

Uomo con un aereo sul lungomare,
Coney Island, New York, USA, 1976.

Man with plane on boardwalk,
Coney Island, New York, USA, 1976.

Bruce Gilden

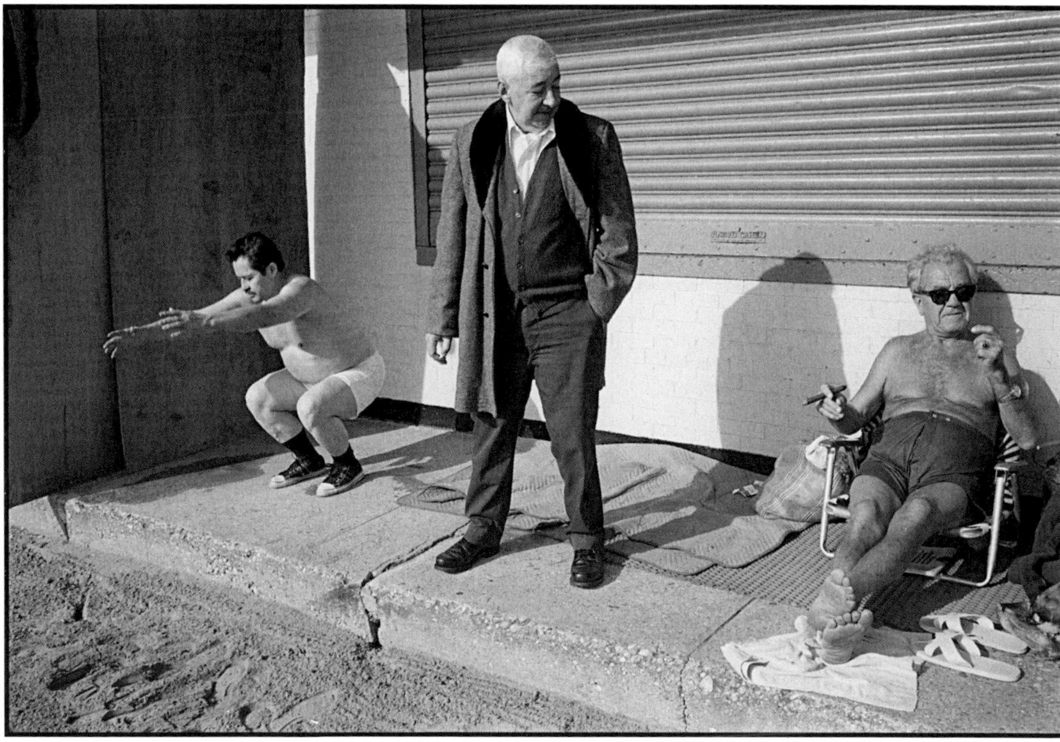

Uomini che si esercitano e prendono
il sole sulla spiaggia d'inverno,
Coney Island, New York, USA, 1977.

Men exercise and sunbathe on the beach
in the winter, Coney Island, New York,
USA, 1977.

Una coppia si siede sul marciapiede della spiaggia, Coney Island, New York, USA, 1977.

A couple sits on the sidewalk at the beach, Coney Island, New York, USA, 1977.

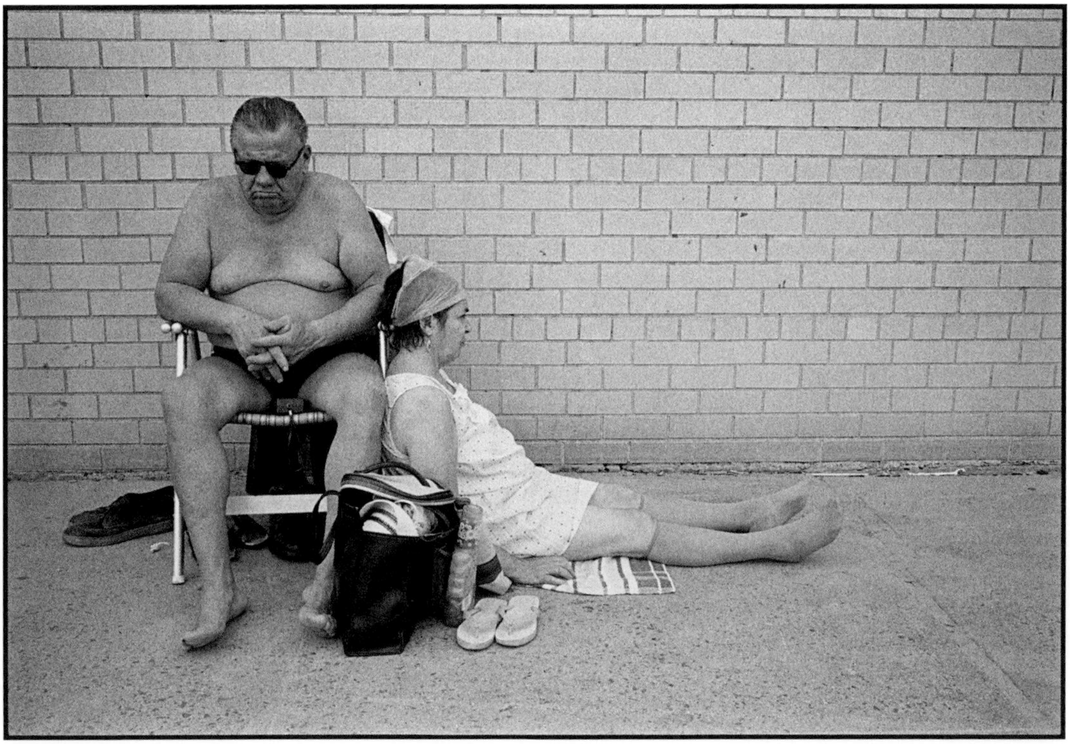

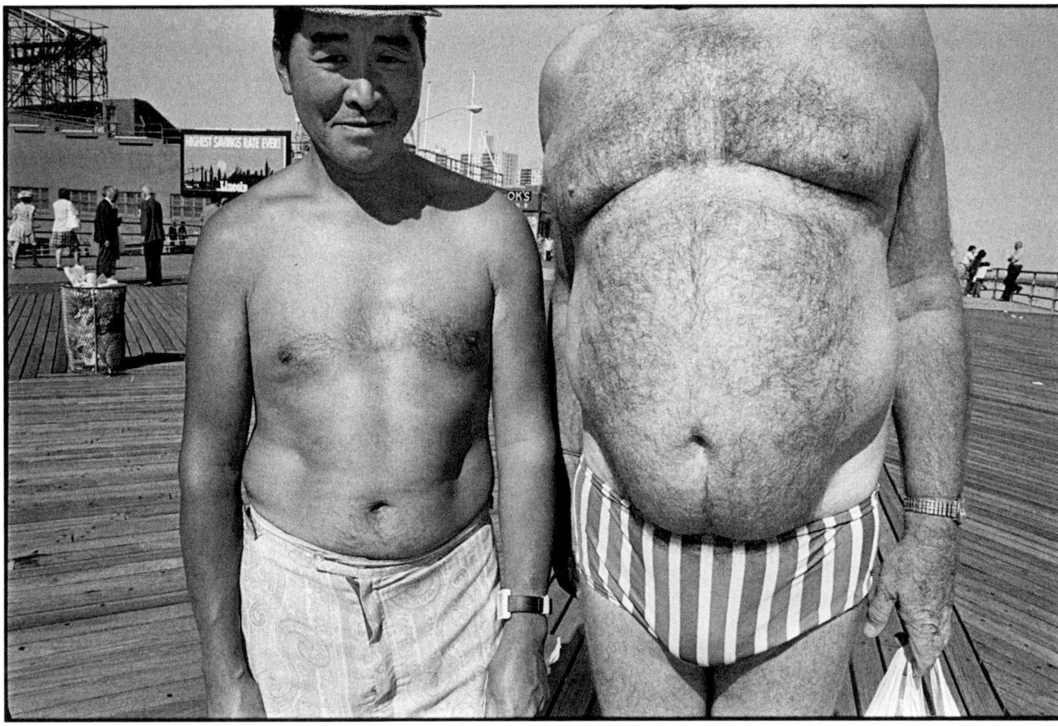

Due uomini in sovrappeso mostrano la pancia mentre prendono il sole sul lungomare, Coney Island New York, USA, 1977.

Two overweight men baring their bellies while sunbathing on the boardwalk. Coney Island, New York, USA, 1977.

Bruce Gilden

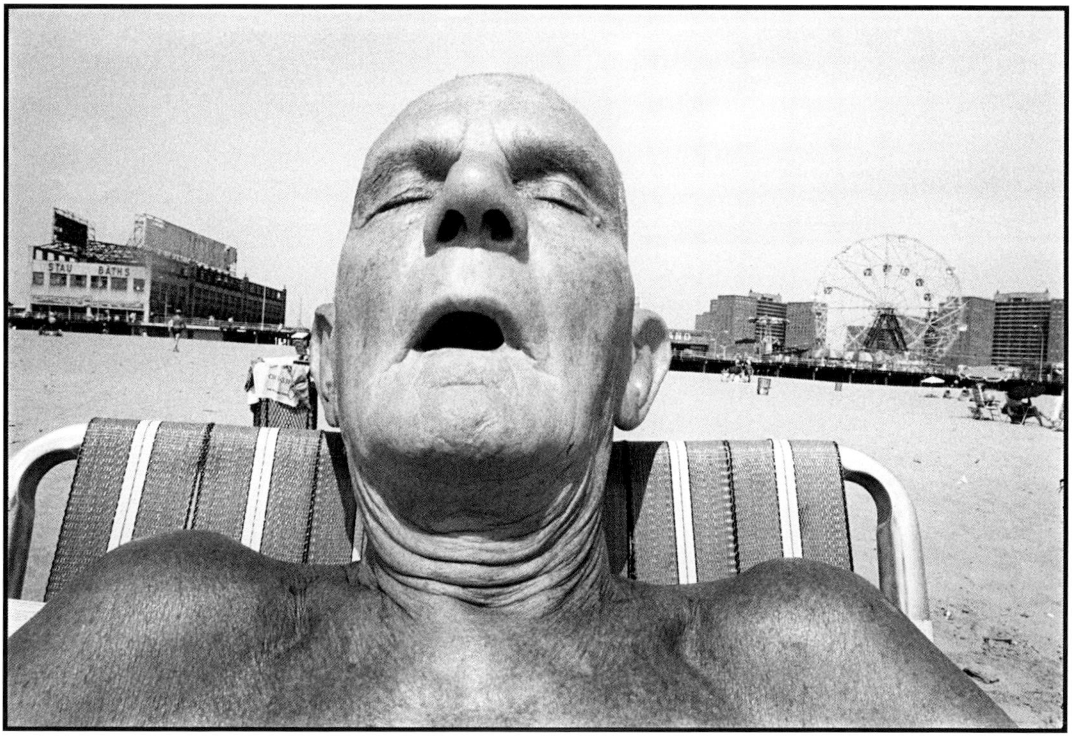

Uomo che dorme con la bocca aperta,
Coney Island, New York, USA, 1977.

Man sleeping with mouth open,
Coney Island, New York, USA, 1977.

Harry Gruyaert

"Non c'è una storia.
È solo una questione di forme e luce."

"There is no story.
It's just a question of shapes and light."

On the beach

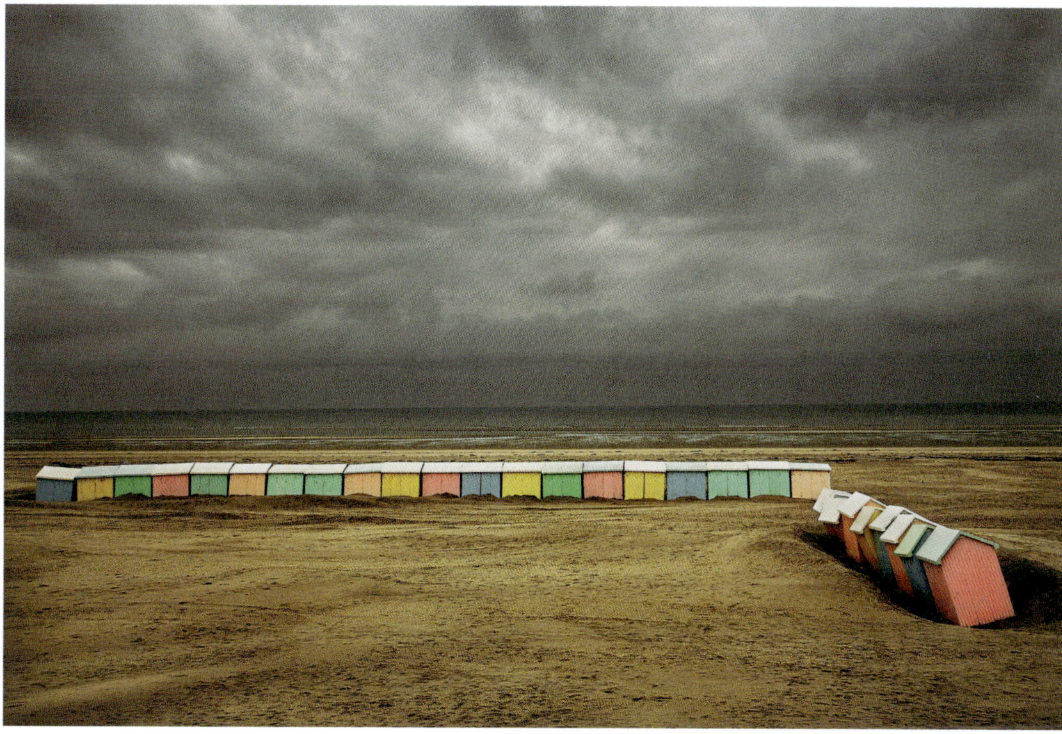

Spiaggia di Berck, Francia, 2007.

Berck beach, France, 2007.

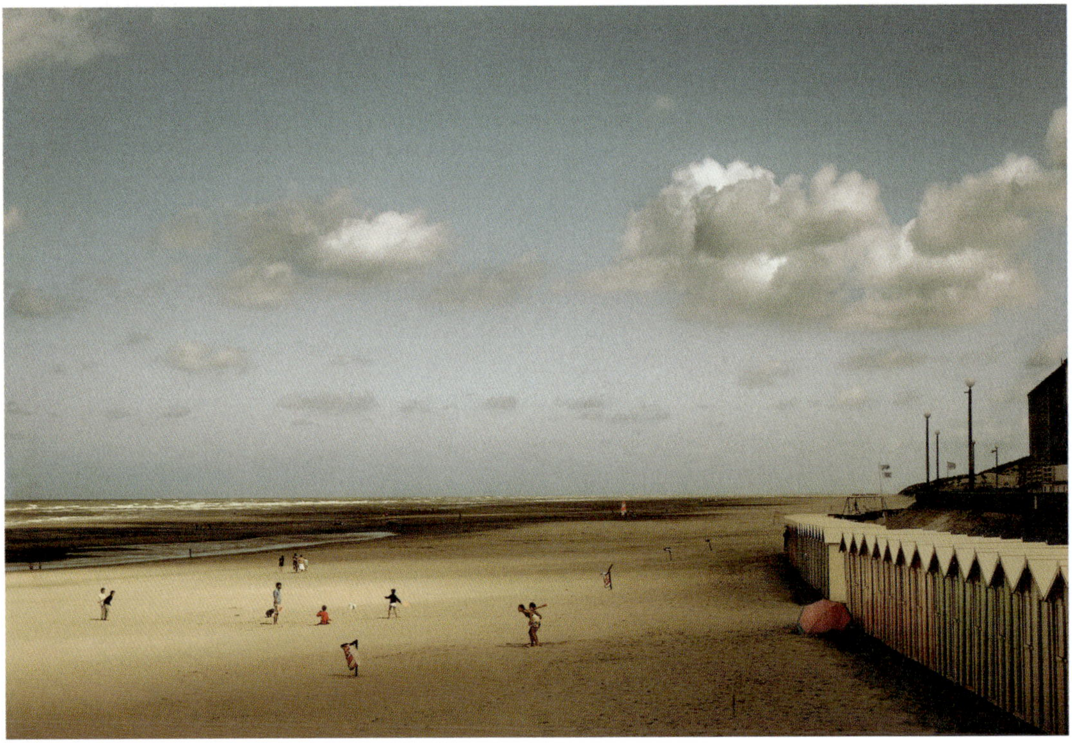

Fort-Mahon-Plage, Baia della Somme,
Francia, 2007.

Fort-Mahon-Plage, Somme Bay,
France, 2007.

Harry Gruyaert

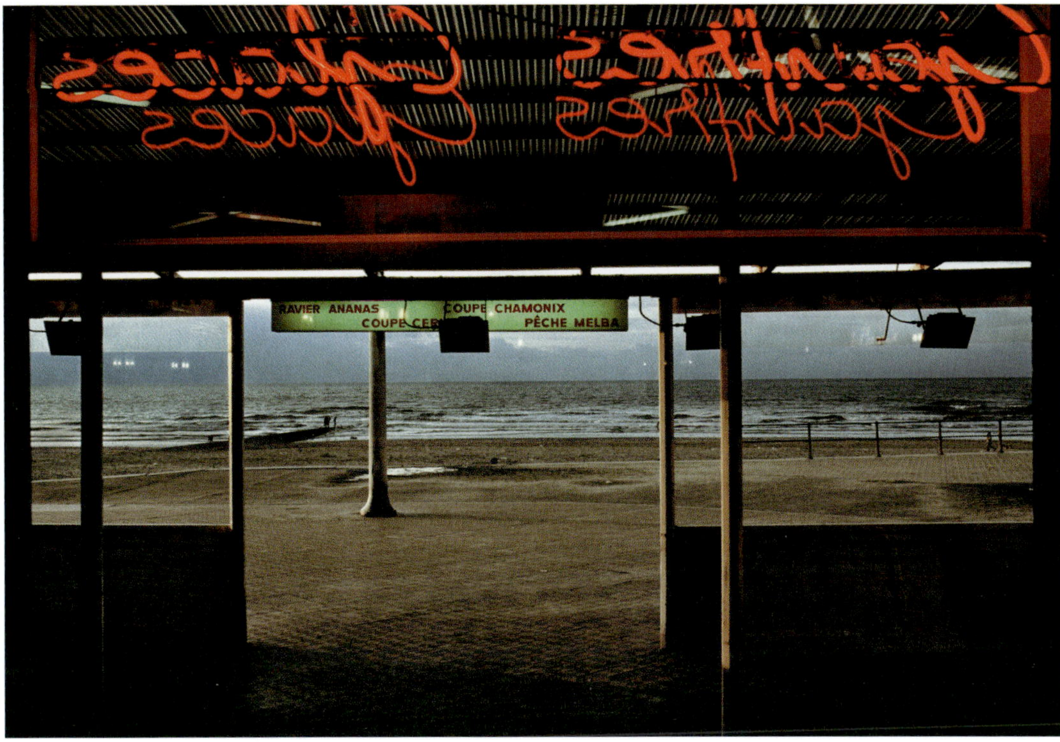

Ostenda, Belgio, 1988.

Ostend, Belgium, 1988.

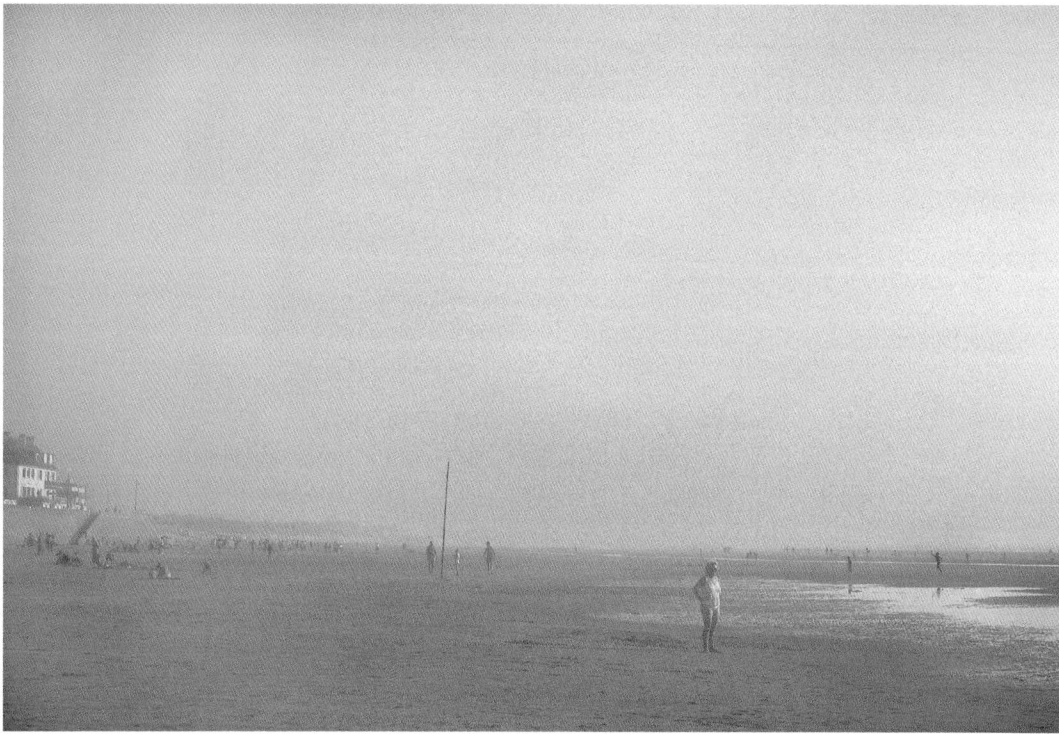

Fort-Mahon-Plage, Baia della Somme,
Francia, 1991.

Fort-Mahon-Plage, Somme Bay,
France, 1991.

Harry Gruyaert

Ostenda, Belgio, 1988.

Ostend, Belgium, 1988.

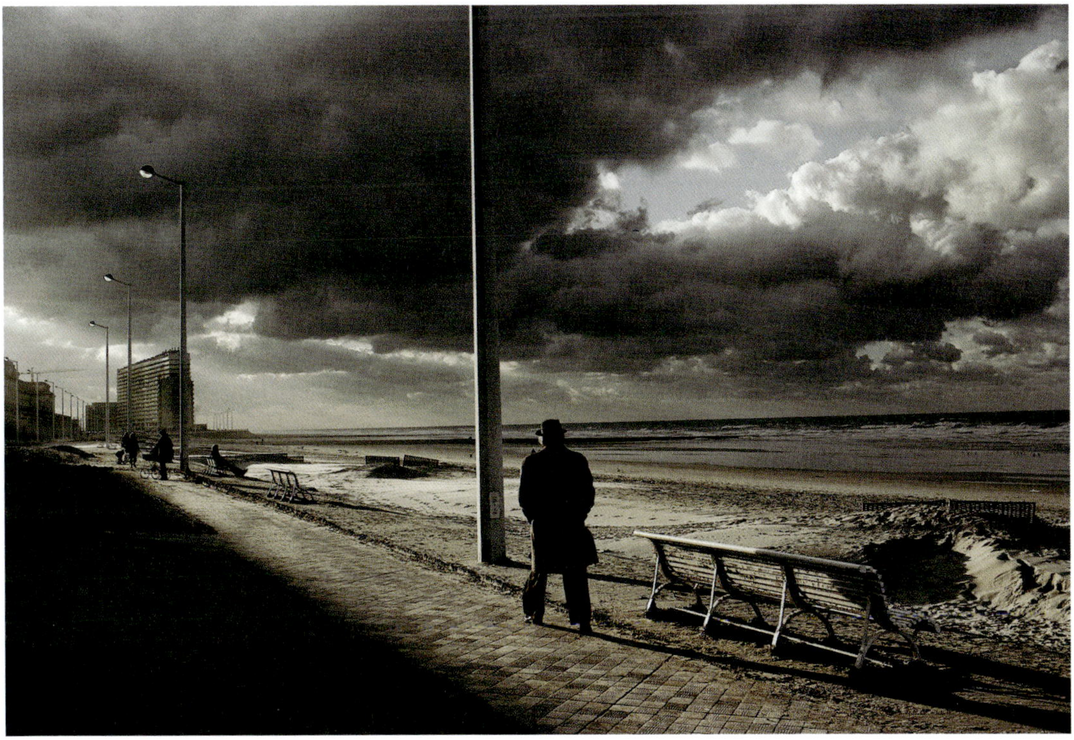

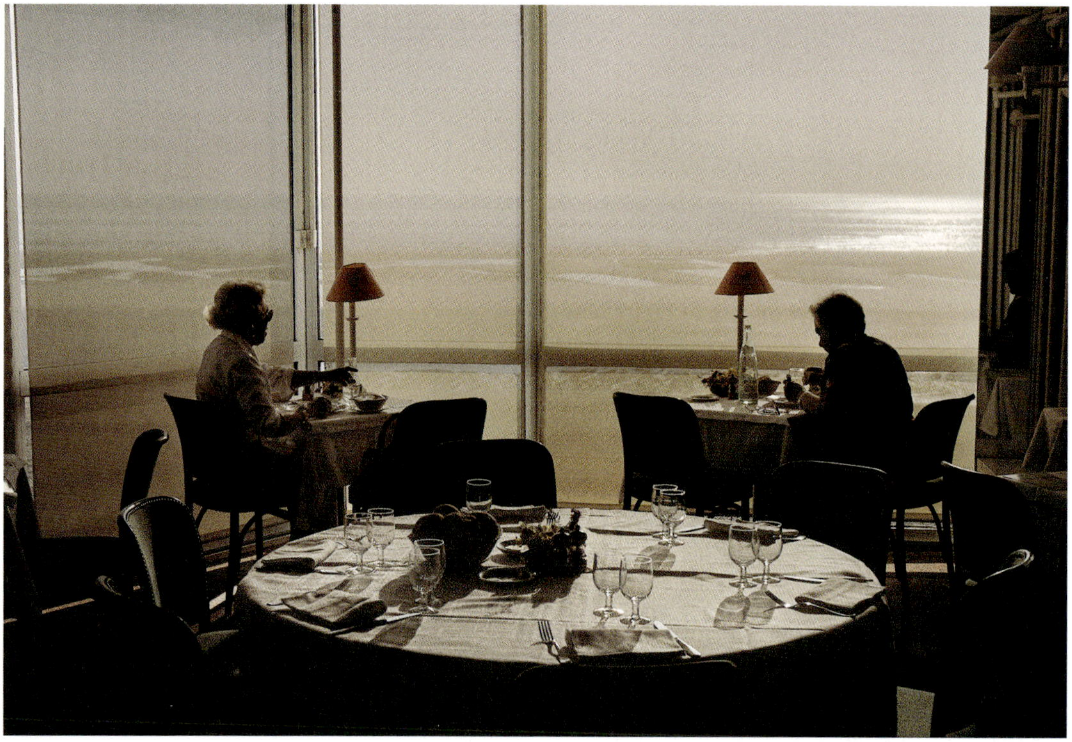

Le Touquet, Francia, 1999.

Le Touquet, France, 1999.

Harry Gruyaert

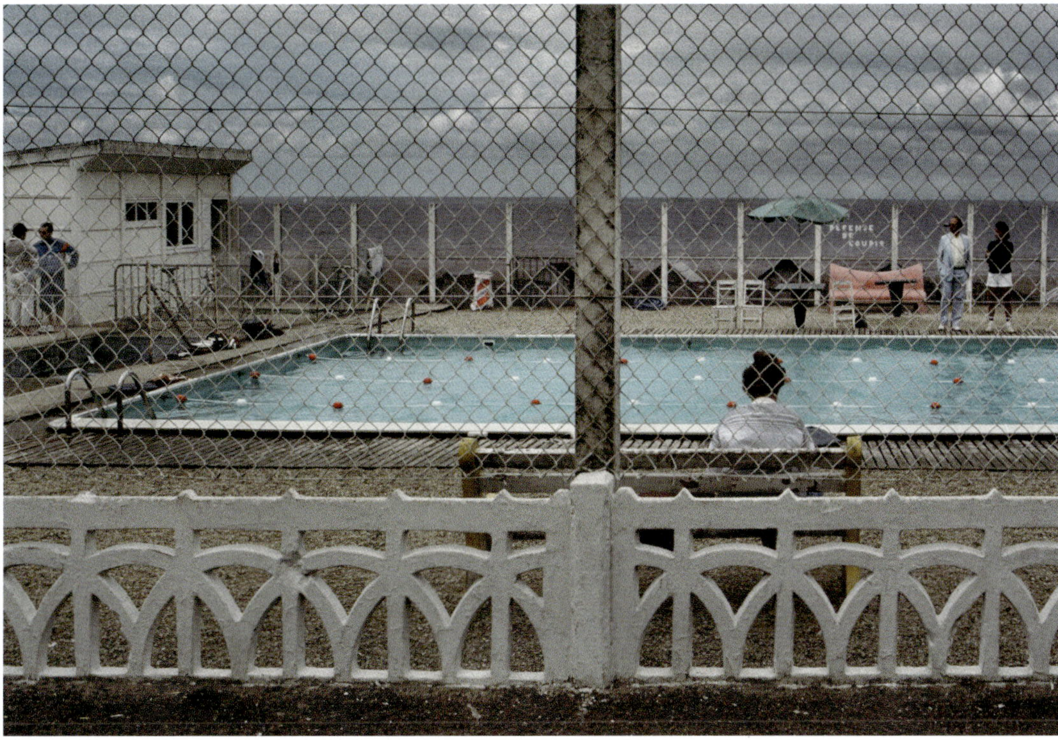

Vicino a Mont Saint-Michel, Normandia, Francia, 1999.

Near Mont Saint-Michel, Normandy, France, 1999.

Côte d'Opale, Francia, 1998.

Opal coast, France, 1998.

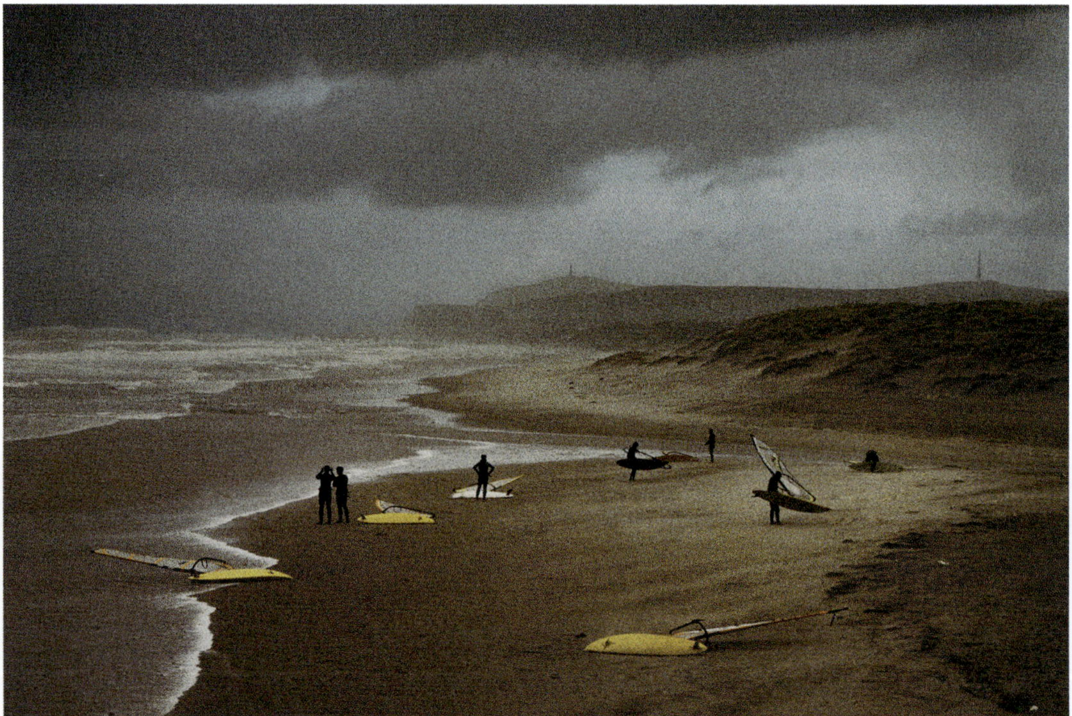

Harry Gruyaert

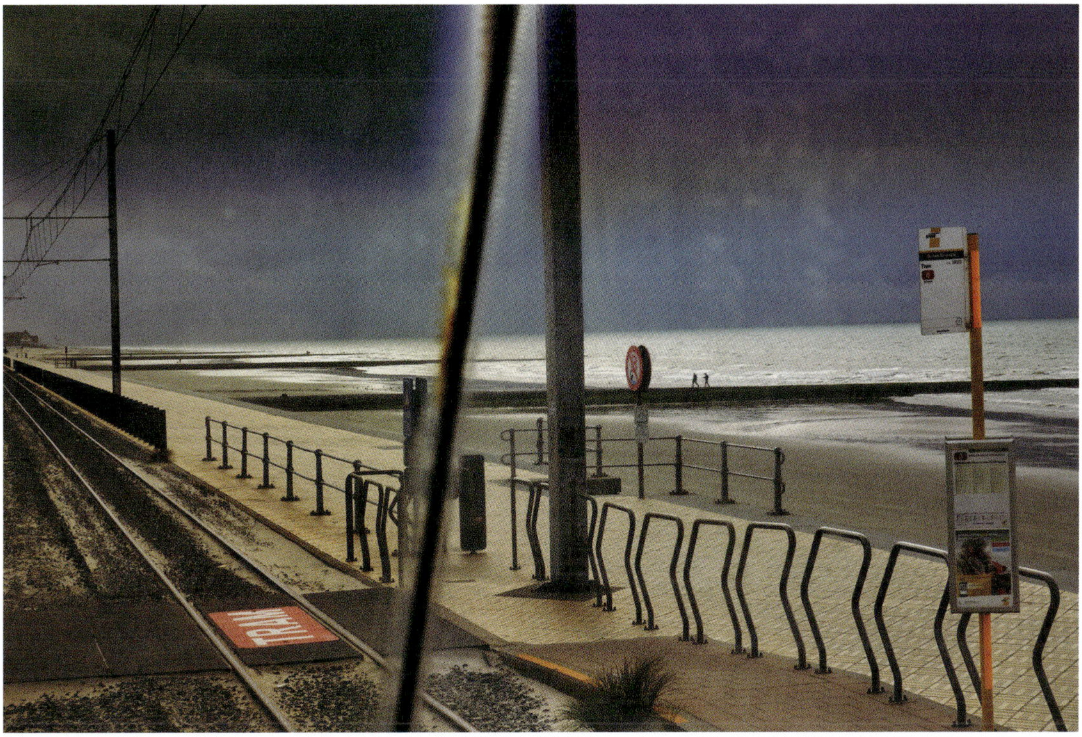

Tram a La Panne, Knokke, Belgio, 2017.

La Panne tramway, Knokke, Belgium, 2017.

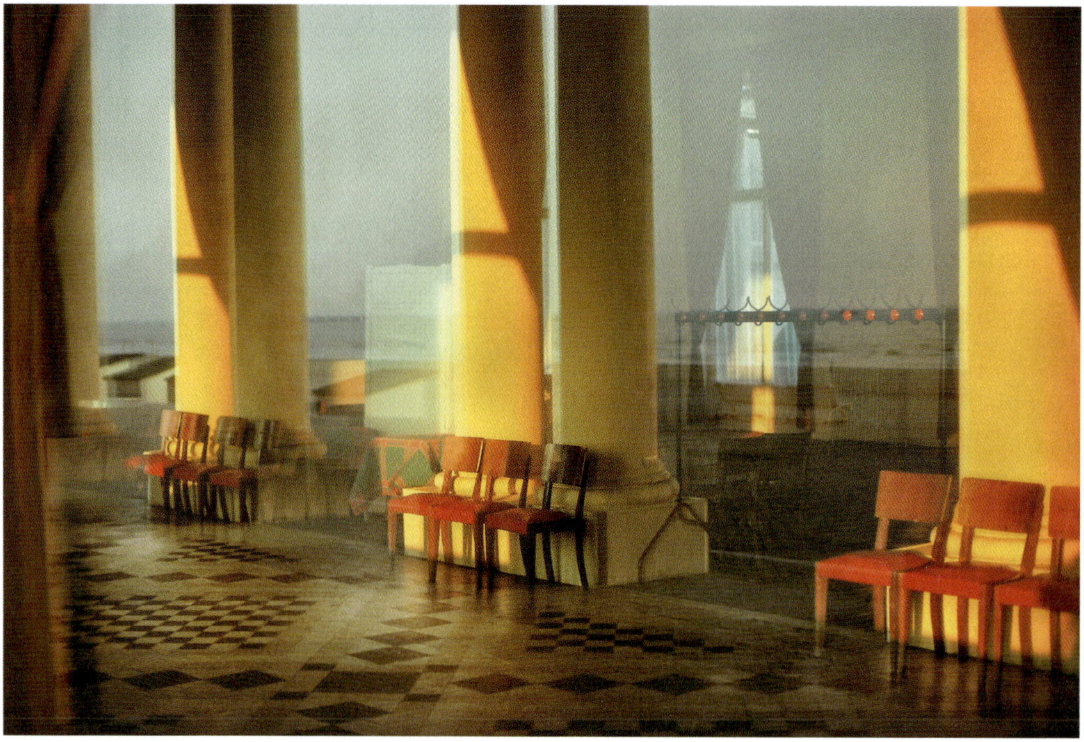

Palazzo Termale, Ostenda, Belgio, 1988.

Thermal Palace, Ostend, Belgium, 1988.

Harry Gruyaert

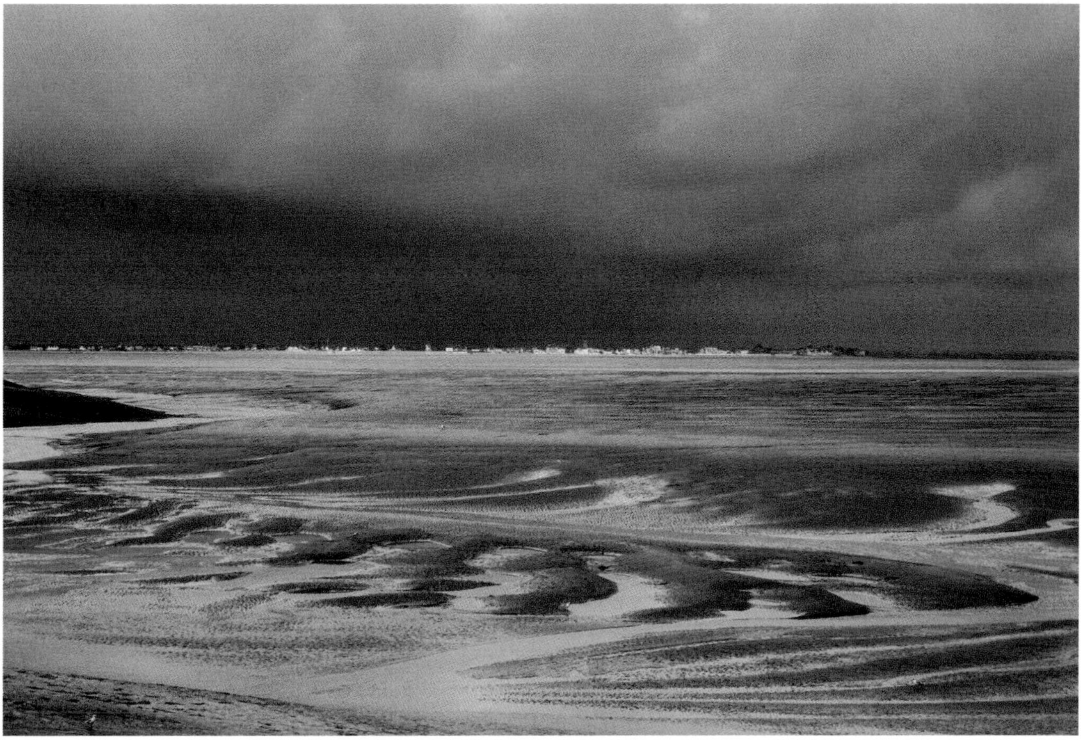

Le Crotoy, Baia della Somme, Francia, 1991.

Le Crotoy, Somme Bay, France, 1991.

Harry Gruyaert

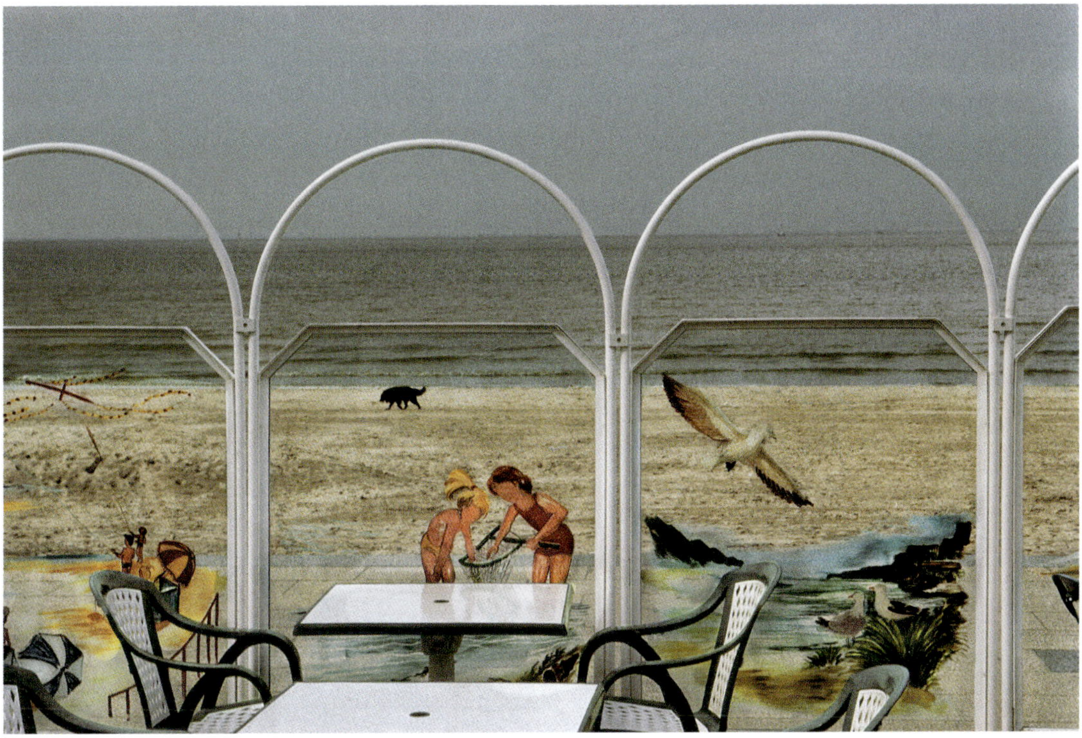

Malo-les-Bains, Francia, 2000.

Malo-les-Bains, France, 2000.

Martin Parr

"Il mare, nel Regno Unito, non dista mai più di 75 miglia, per cui, con tutta questa costa, non sorprende che in Gran Bretagna ci sia una forte tradizione di foto sulla spiaggia, dove la gente può rilassarsi, essere se stessa e mostrare tutte quelle tracce di comportamento leggermente eccentrico tipiche di questo paese. Negli Stati Uniti c'è una forte tradizione di Street photography, nel Regno Unito abbiamo la spiaggia."

"In the UK, it is impossible to be more than 75 miles away from the coast, and with this much seaside it is not surprising that there is a strong tradition of shooting photos on the beach in Britain. People can relax, be themselves and show off all those traces of mildly eccentric behaviour associated with the country. In the States there is a strong tradition of Street photography, in the UK, we have the beach."

On the beach

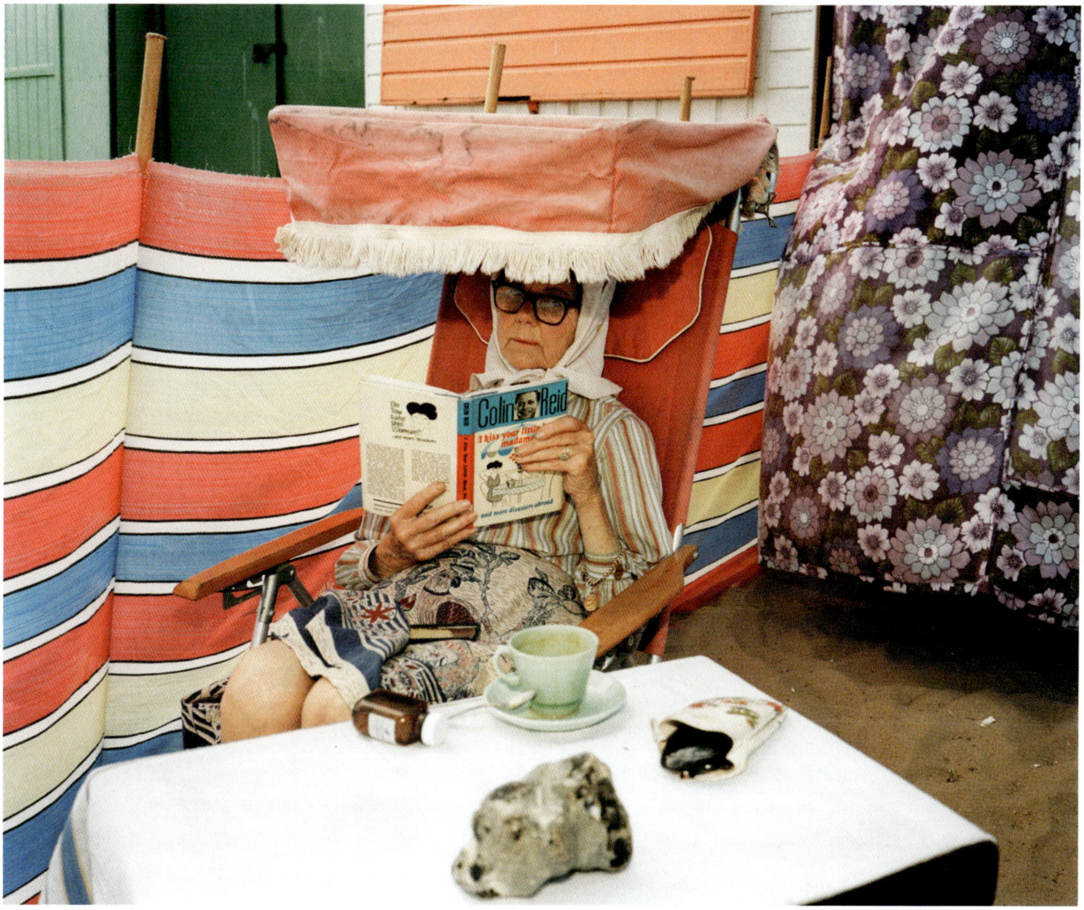

Margate, Kent, Inghilterra, Gran Bretagna,
1986.

Margate, Kent, England, Great Britain,
1986.

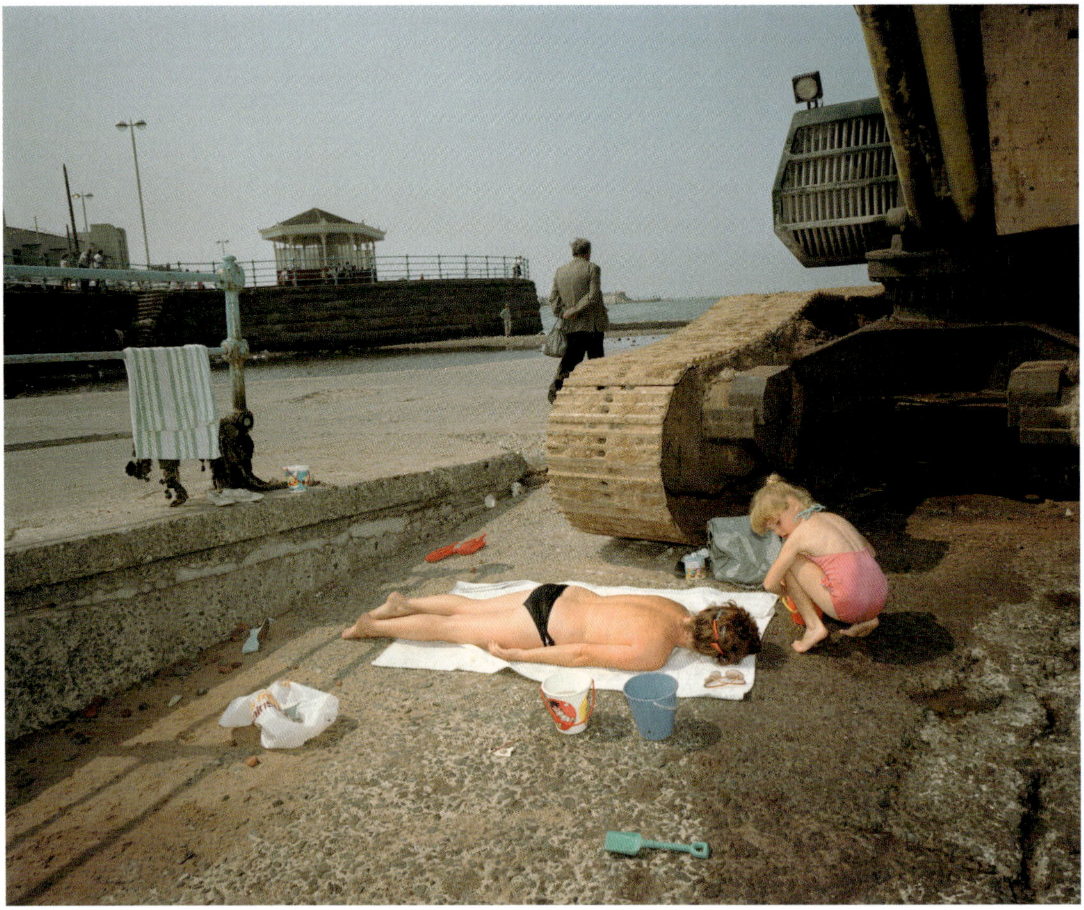

Da *The Last Resort.* New Brighton, Inghilterra, Gran Bretagna, 1983-85.

From *The Last Resort*. New Brighton, England, Great Britain, 1983-85.

Martin Parr

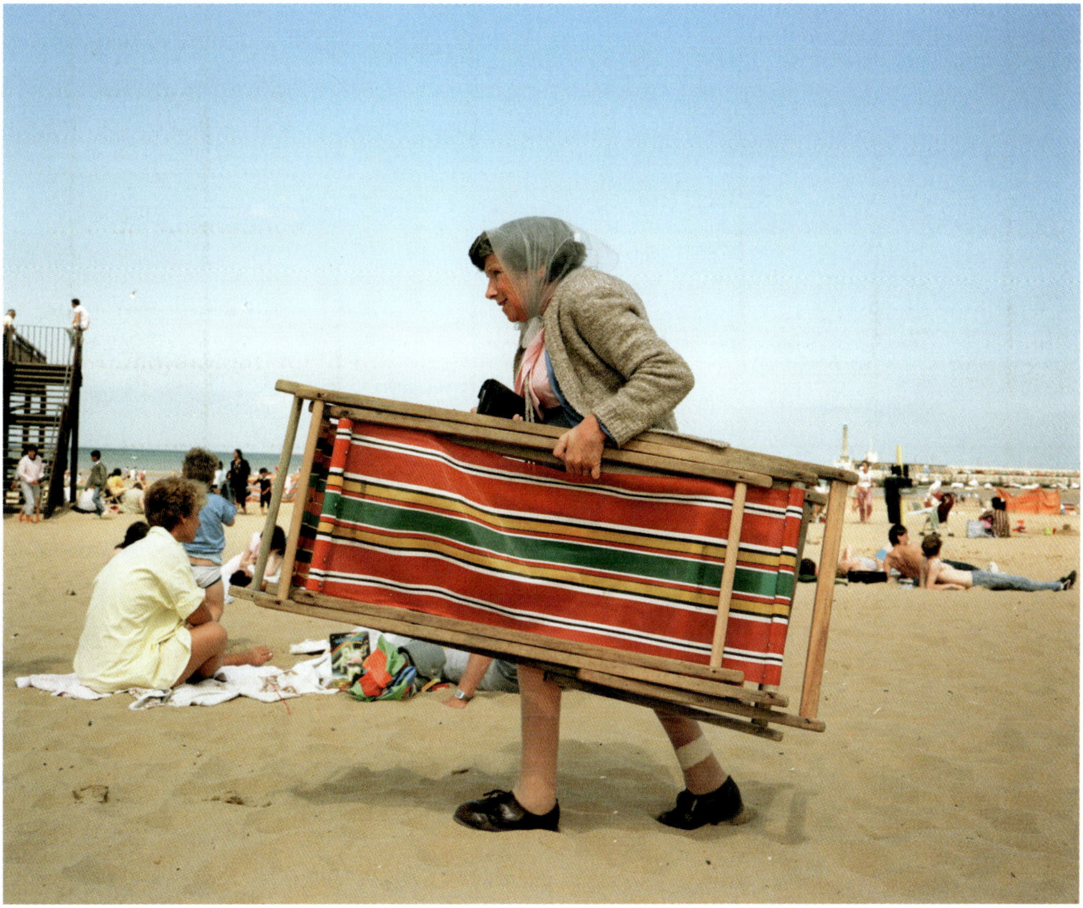

Margate, Kent, Inghilterra, Gran Bretagna,
1986.

Margate, Kent, England, Great Britain,
1986.

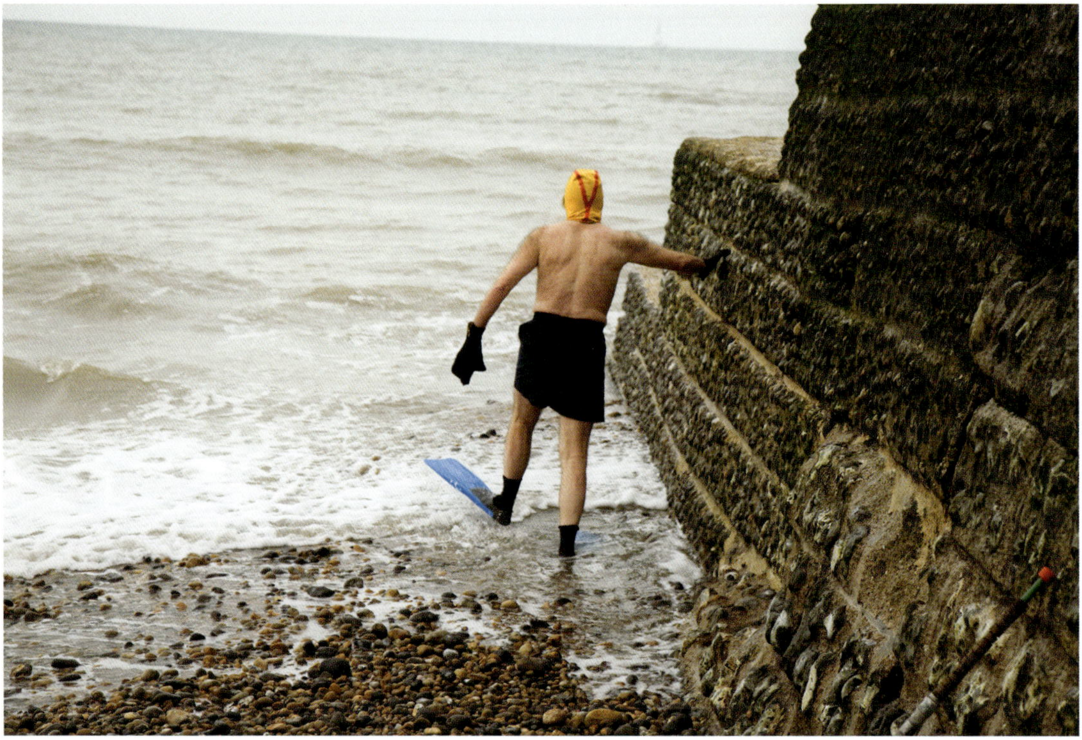

Da *Guardian Cities Project*. David Sawyers, membro del Brighton Sea Swimming Club, Brighton, Inghilterra, Gran Bretagna, 2008.

From *Guardian Cities Project*. David Sawyers, member of the Brighton Sea Swimming Club, Brighton, England, Great Britain, 2008.

Martin Parr

Festa Nazionale, Llandudno, Galles,
Gran Bretagna, 2013.

Bank Holiday, Llandudno, Wales,
Great Britain, 2013.

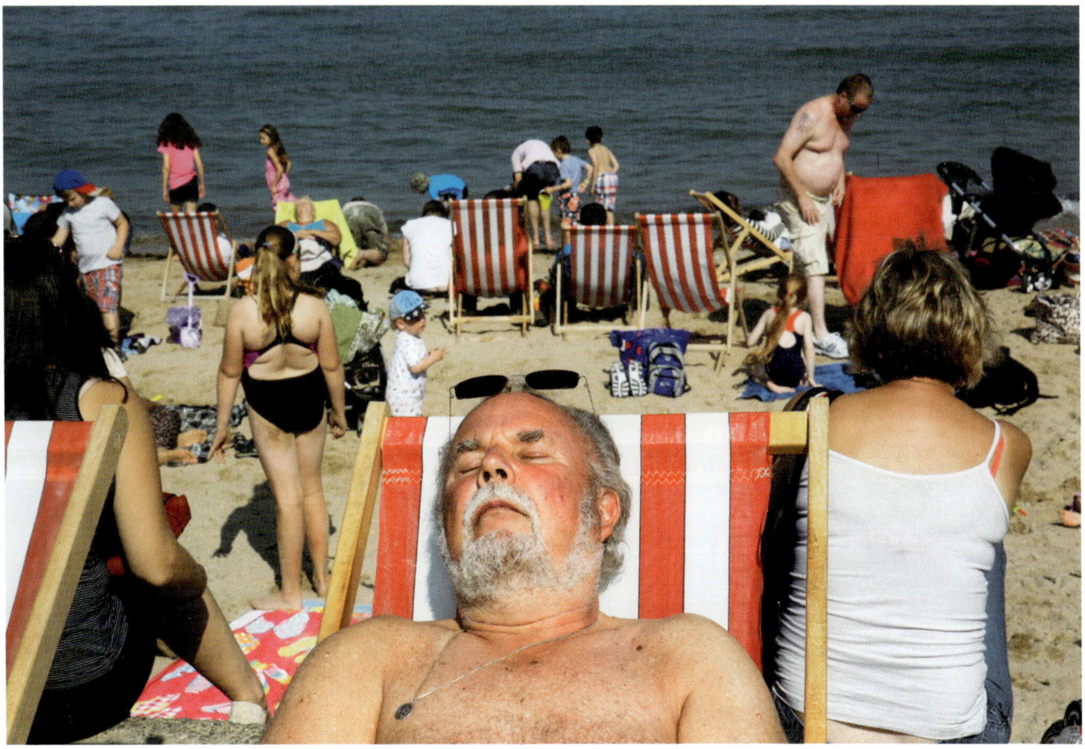

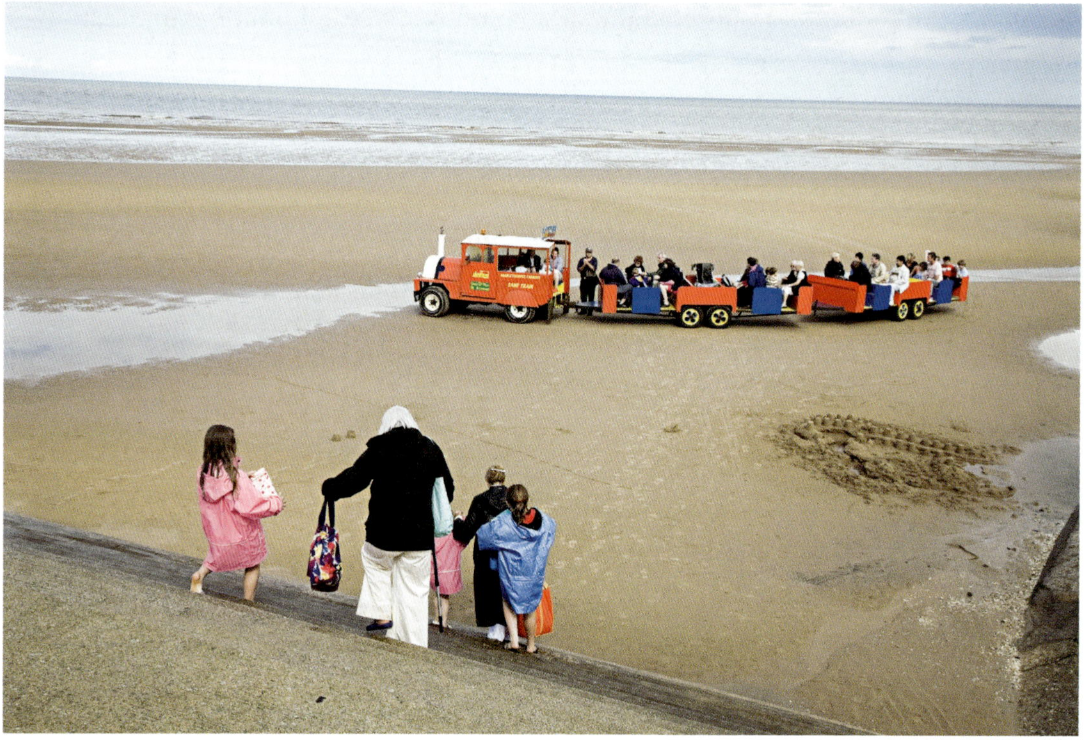

Mablethorpe, Inghilterra, Gran Bretagna,
2008.

Mablethorpe, England, Great Britain,
2008.

Martin Parr

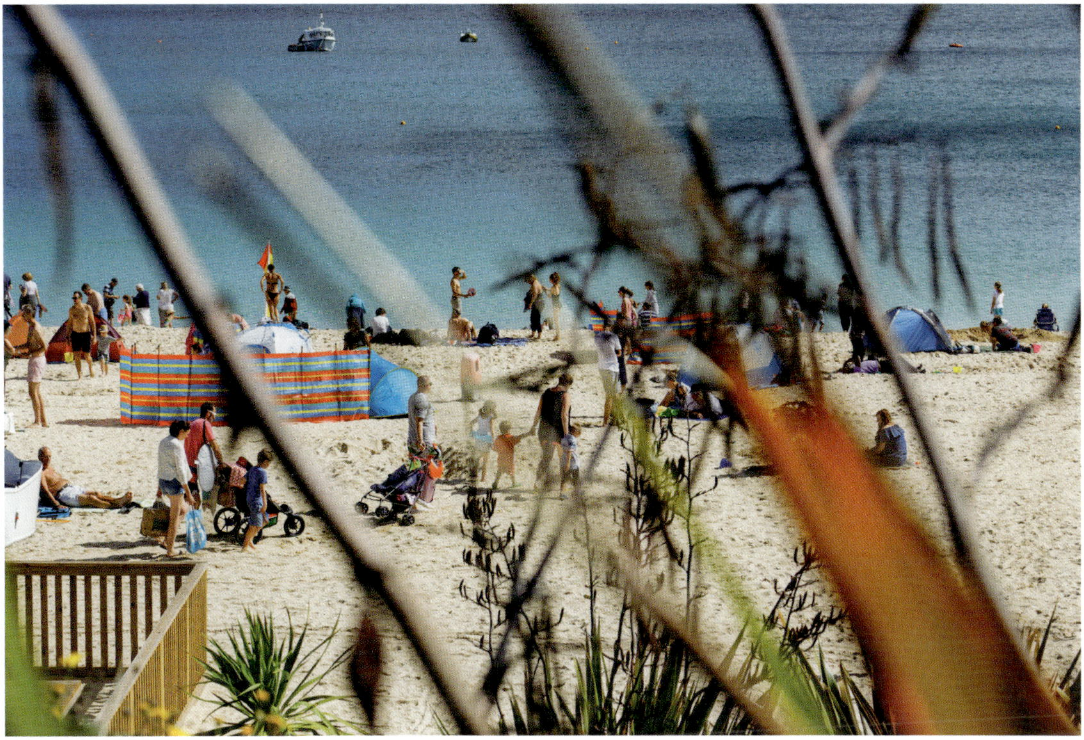

St Ives, Cornovaglia, Inghilterra,
Gran Bretagna, 2017.

St Ives, Cornwall, England,
Great Britain, 2017.

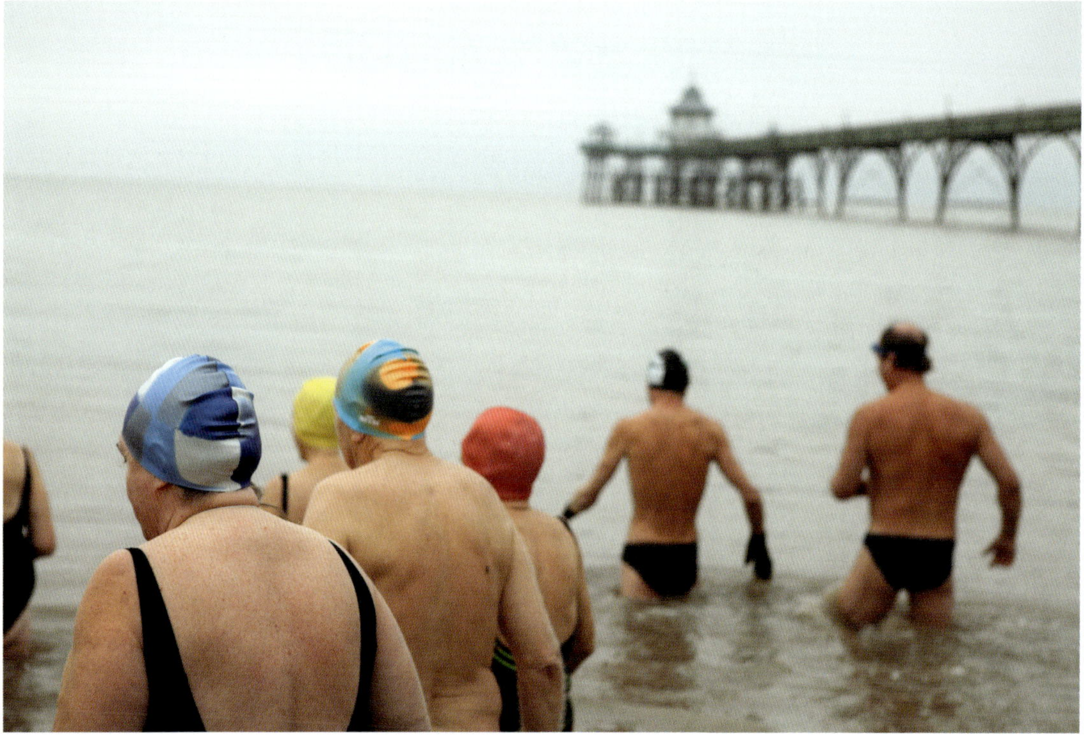

Nuotare nell'estuario del Severn,
Clevedon, Somerset, Inghilterra,
Gran Bretagna, 2009.

Swimming in the Severn Estuary,
Clevedon, Somerset, England,
Great Britain, 2009.

Martin Parr

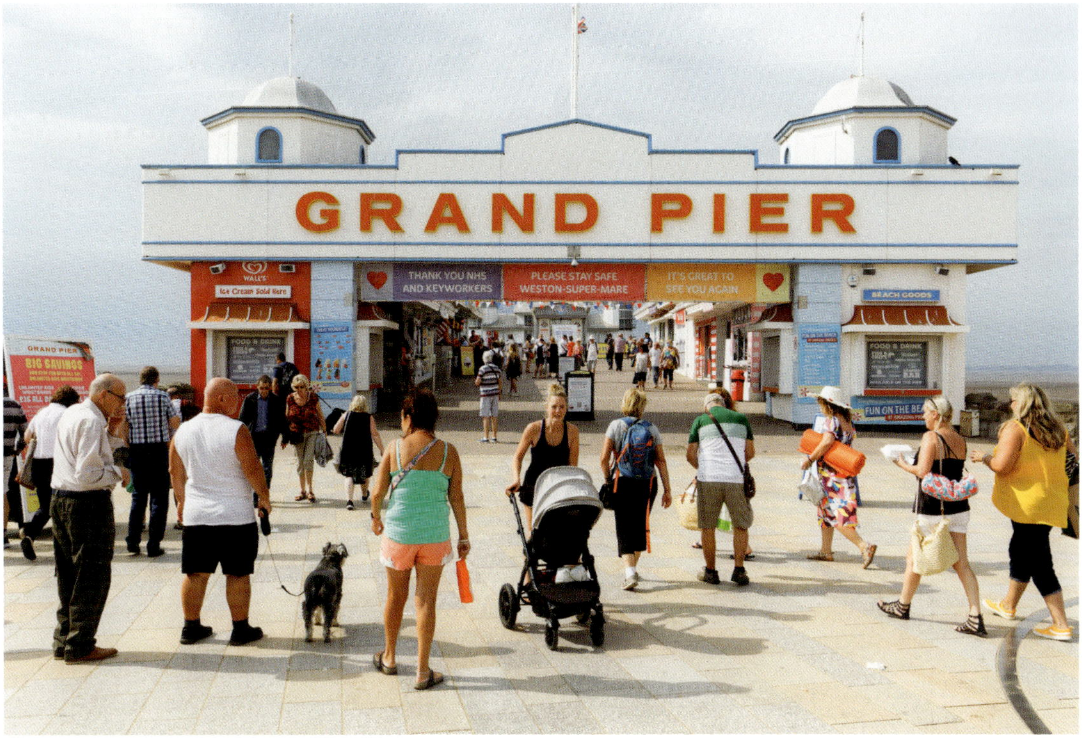

Weston-Super-Mare, Somerset,
Inghilterra, Gran Bretagna, 2009.

Weston-Super-Mare, Somerset,
England, Great Britain, 2009.

Nuotata del giorno di Santo Stefano,
Tenby, Galles, Gran Bretagna, 2017.

Boxing Day Swim, Tenby, Wales,
Great Britain, 2017.

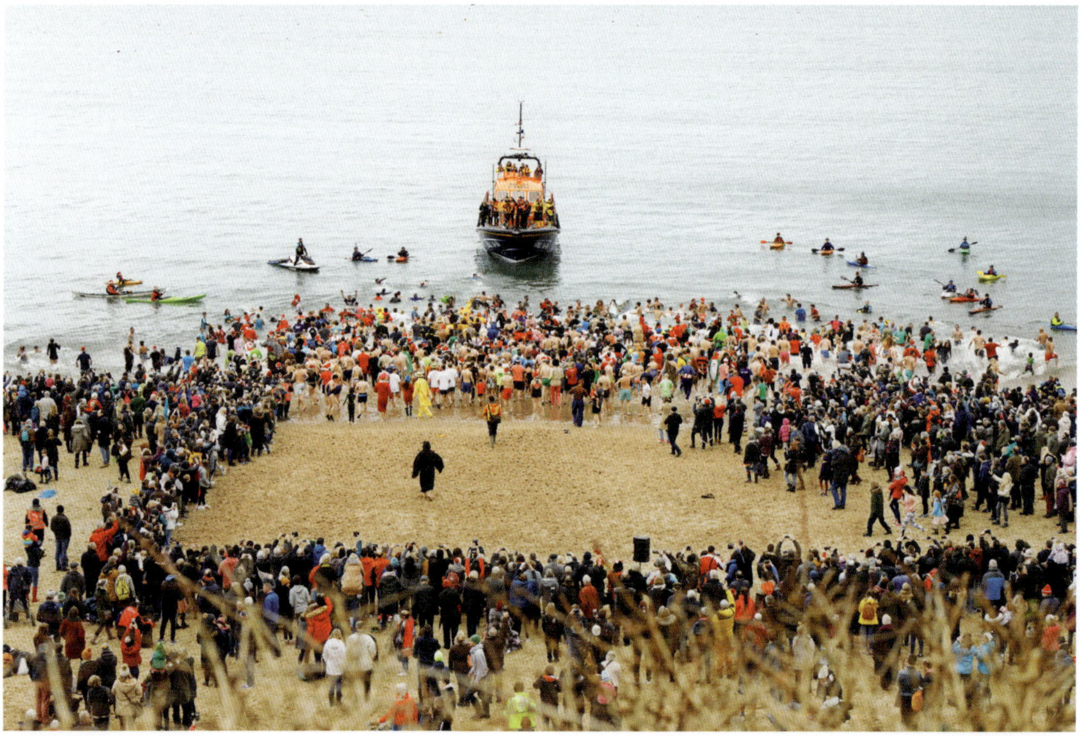

Martin Parr

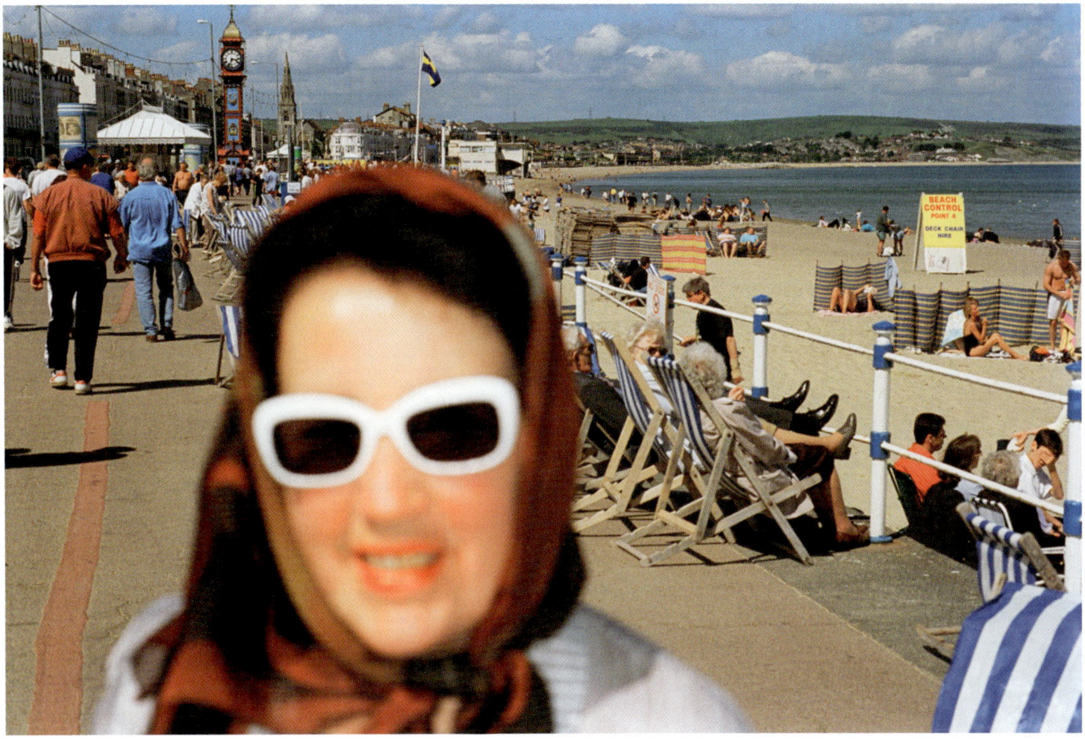

Da *Think of England*. Weymouth,
Inghilterra, Gran Bretagna, 2000.

From *Think of England*. Weymouth,
England, Great Britain, 2000.

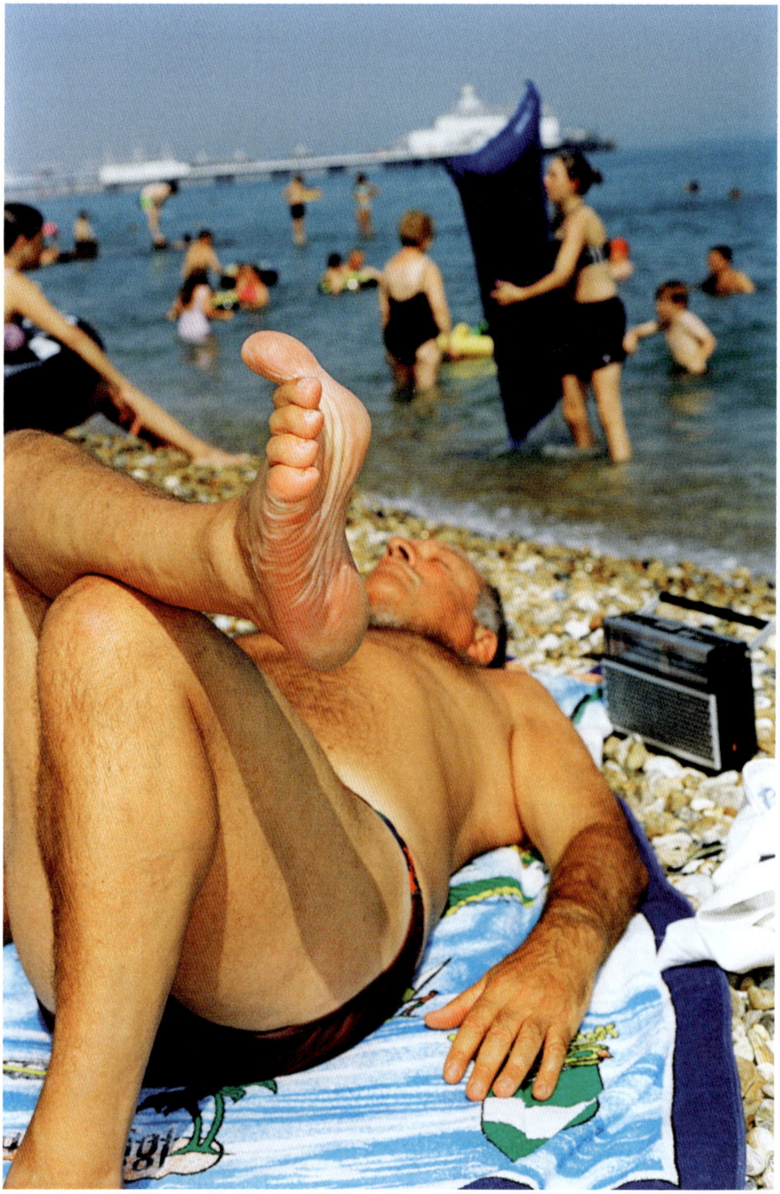

Eastbourne, Inghilterra, Gran Bretagna,
1995-99.

Eastbourne, England, Great Britain,
1995-99.

Martin Parr

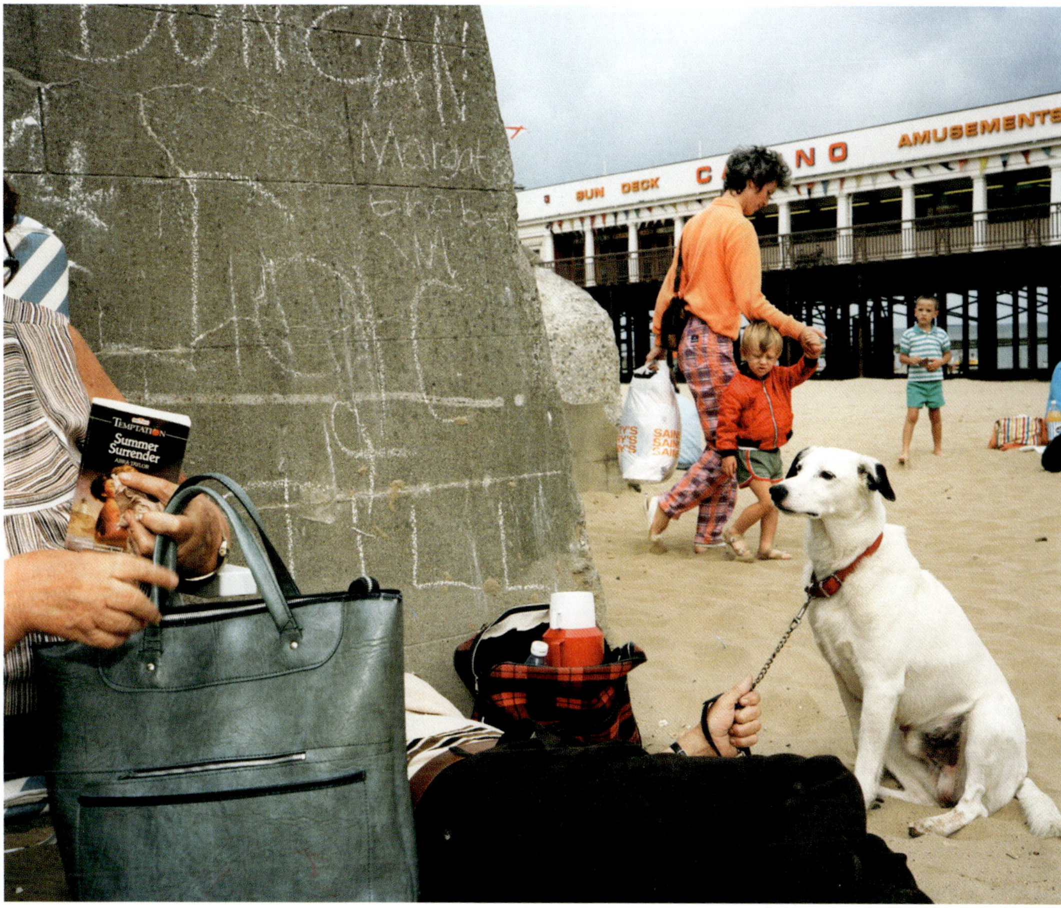

Da *Home and Abroad*. Margate, Inghilterra, Gran Bretagna, 1986.

From *Home and Abroad*. Margate, England, Great Britain, 1986.

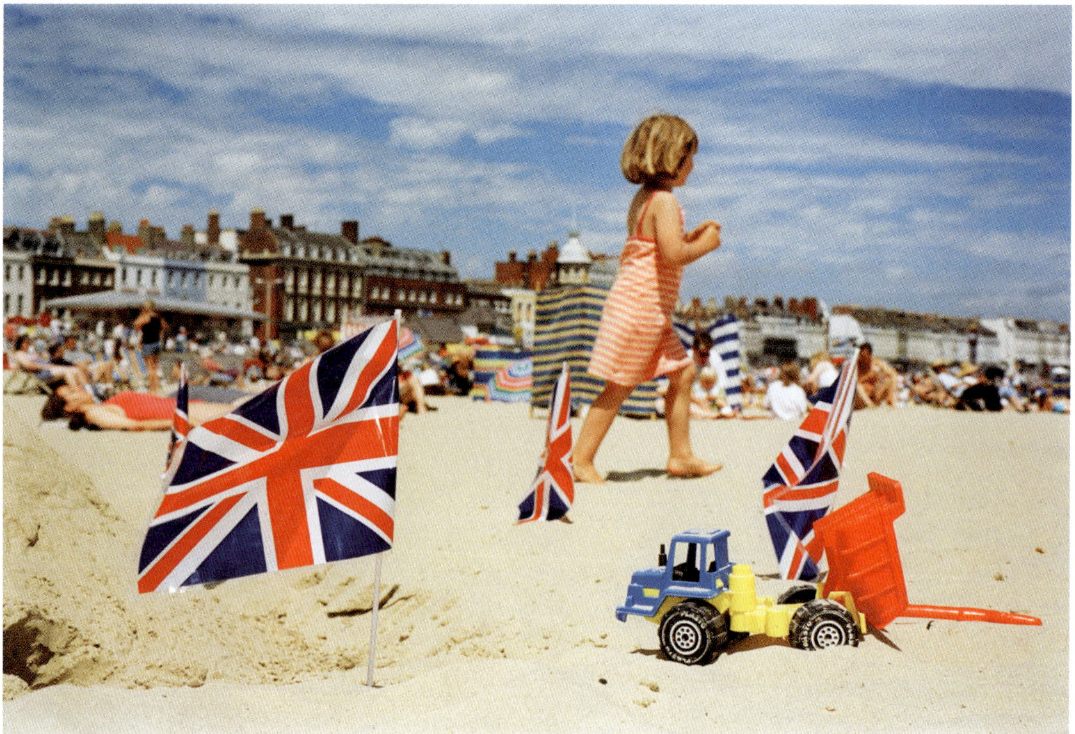

Una ragazza gioca sulla spiaggia
con bandiere della Gran Bretagna
nei castelli di sabbia, Weymouth,
Inghilterra, Gran Bretagna, 1998.

A girl plays on the beach with
Great Britain flags in sand castles,
Weymouth, England, Great Britain, 1998.

Martin Parr

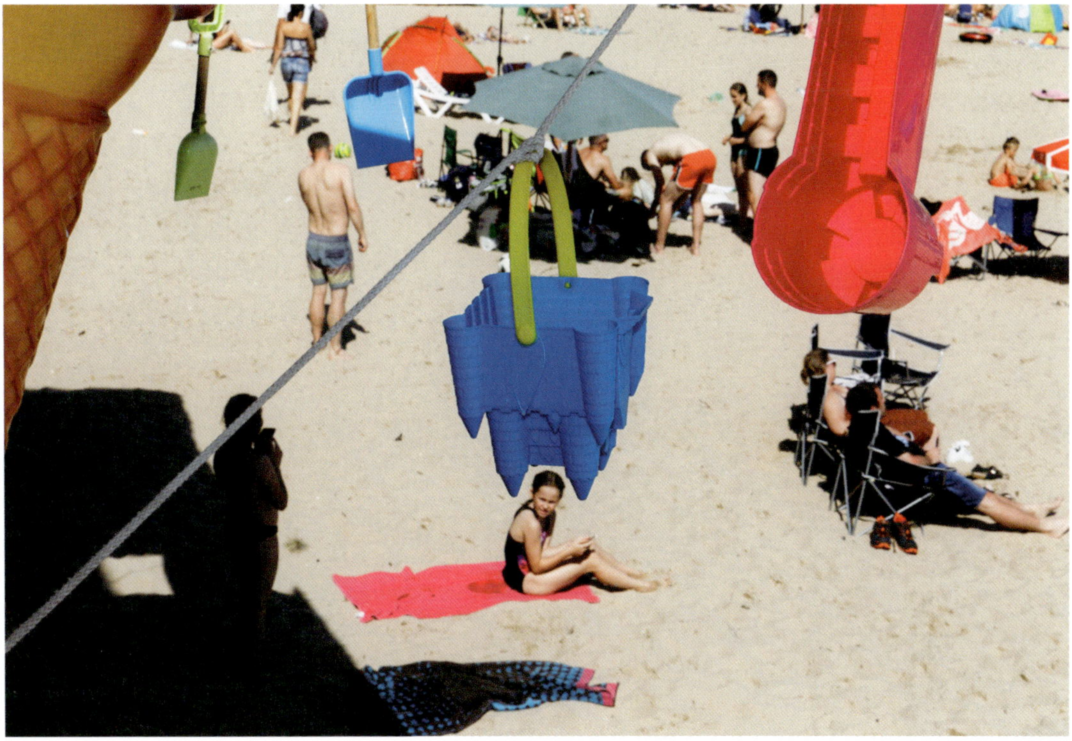

Tenby, Galles, Gran Bretagna, 2019.

Tenby, Wales, Great Britain, 2019.

Trent Parke

“Sono sempre alla ricerca della luce.
La luce trasforma l’ordinario in magico.”

“I am forever chasing light.
Light turns the ordinary into the magical.”

On the beach

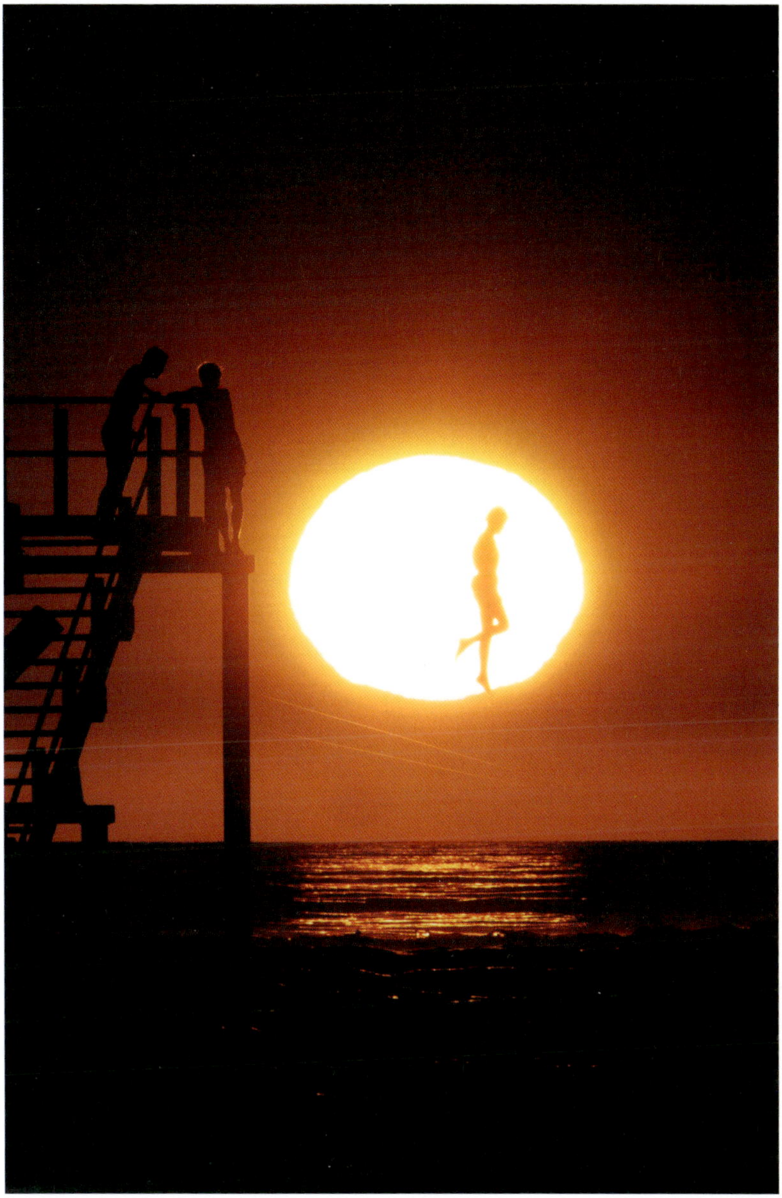

Adelaide, Australia, 2024.
(Questa foto è stata realizzata nell'ambito del progetto *Emotions of the Sun* per Veuve Clicquot)

Adelaide, Australia, 2024.
(This image was made as part of the *Emotions of the Sun* project for Veuve Clicquot)

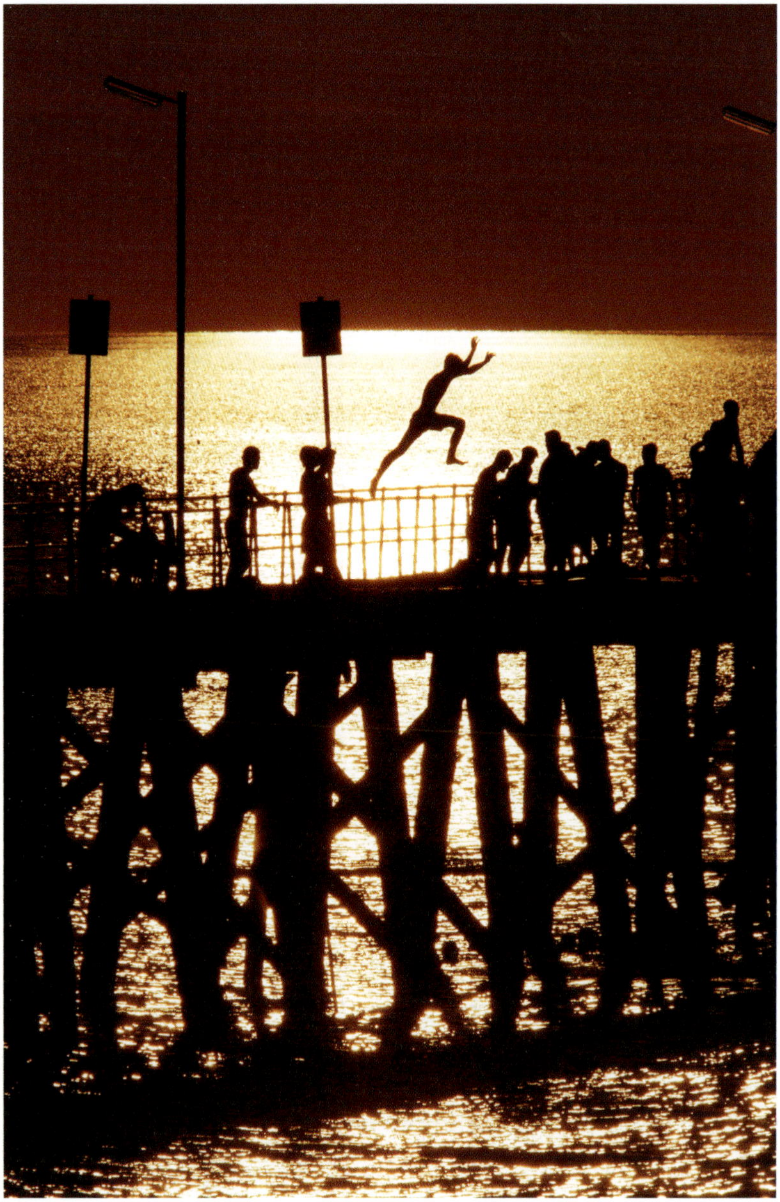

Adelaide, Australia, 2024.
(Questa foto è stata realizzata nell'ambito del progetto *Emotions of the Sun* per Veuve Clicquot)

Adelaide, Australia, 2024.
(This image was made as part of the *Emotions of the Sun* project for Veuve Clicquot)

Trent Parke

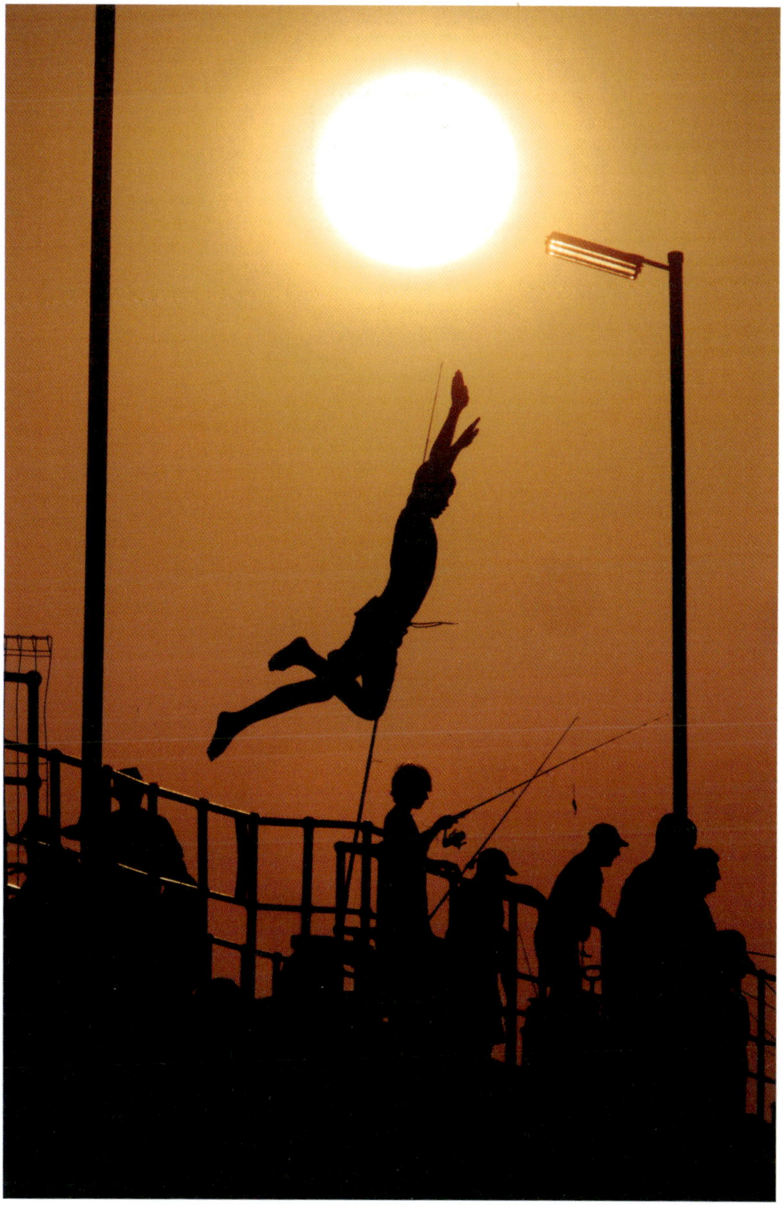

Adelaide, Australia, 2024.
(Questa foto è stata realizzata nell'ambito del progetto *Emotions of the Sun* per Veuve Clicquot)

Adelaide, Australia, 2024.
(This image was made as part of the *Emotions of the Sun* project for Veuve Clicquot)

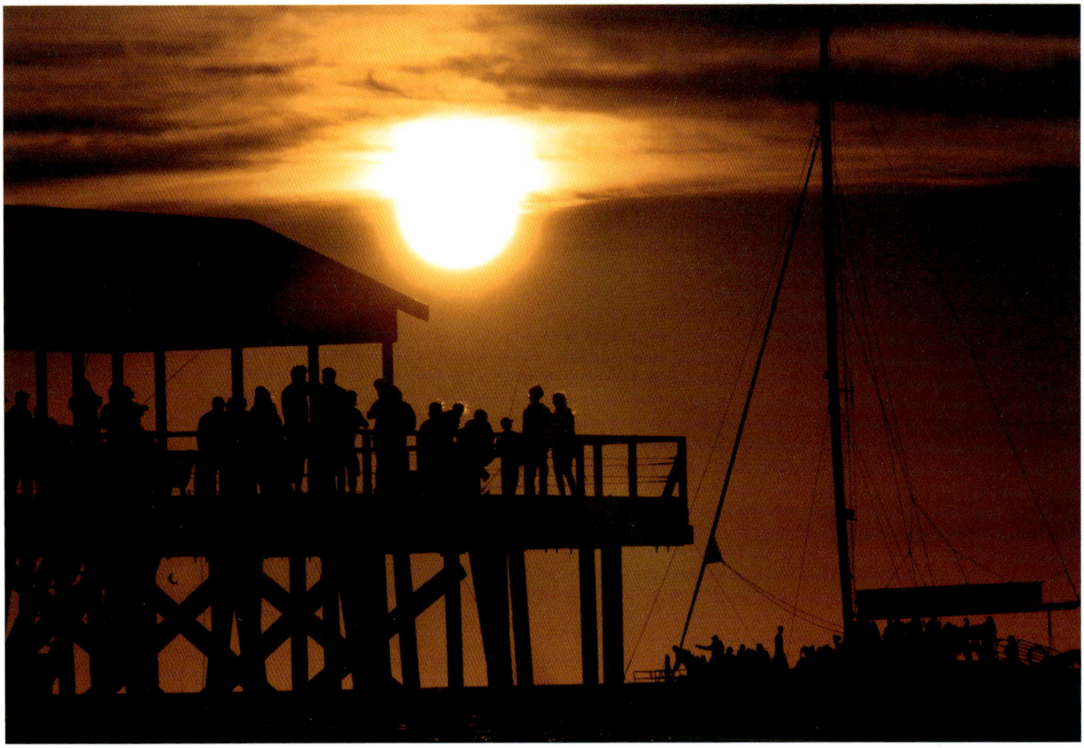

Adelaide, Australia, 2024.
(Questa foto è stata realizzata nell'ambito del progetto *Emotions of the Sun* per Veuve Clicquot)

Adelaide, Australia, 2024.
(This image was made as part of the *Emotions of the Sun* project for Veuve Clicquot)

Trent Parke

Adelaide, Australia, 2024.
(Questa foto è stata realizzata nell'ambito del progetto *Emotions of the Sun* per Veuve Clicquot)

Adelaide, Australia, 2024.
(This image was made as part of the *Emotions of the Sun* project for Veuve Clicquot)

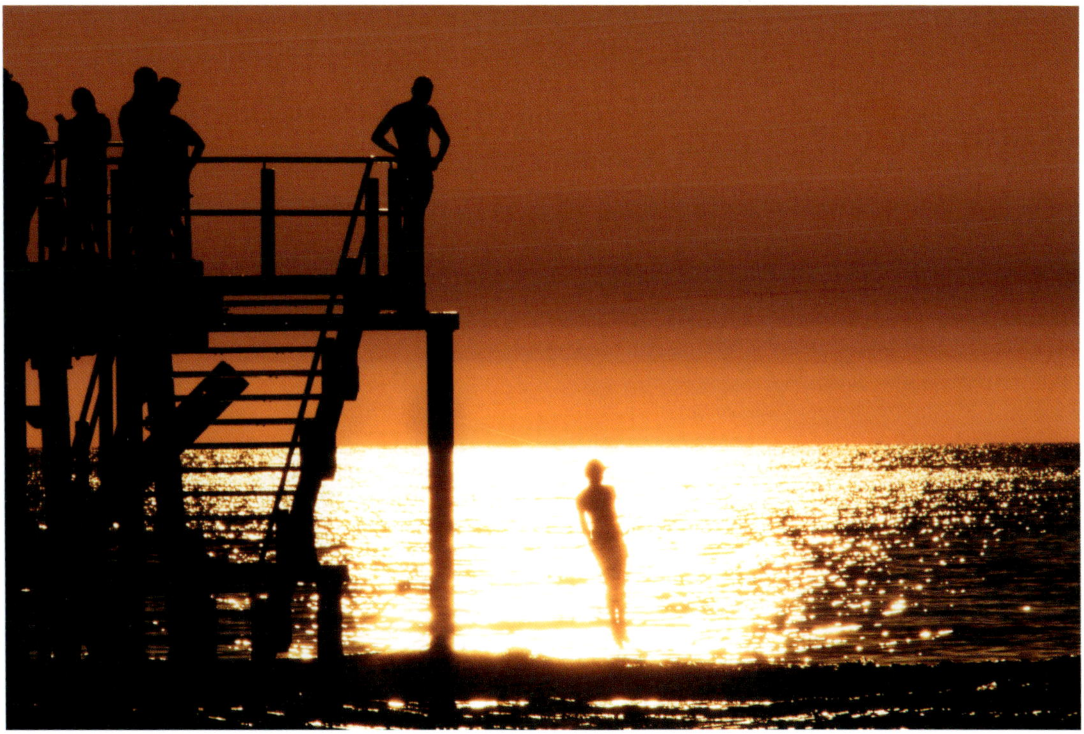

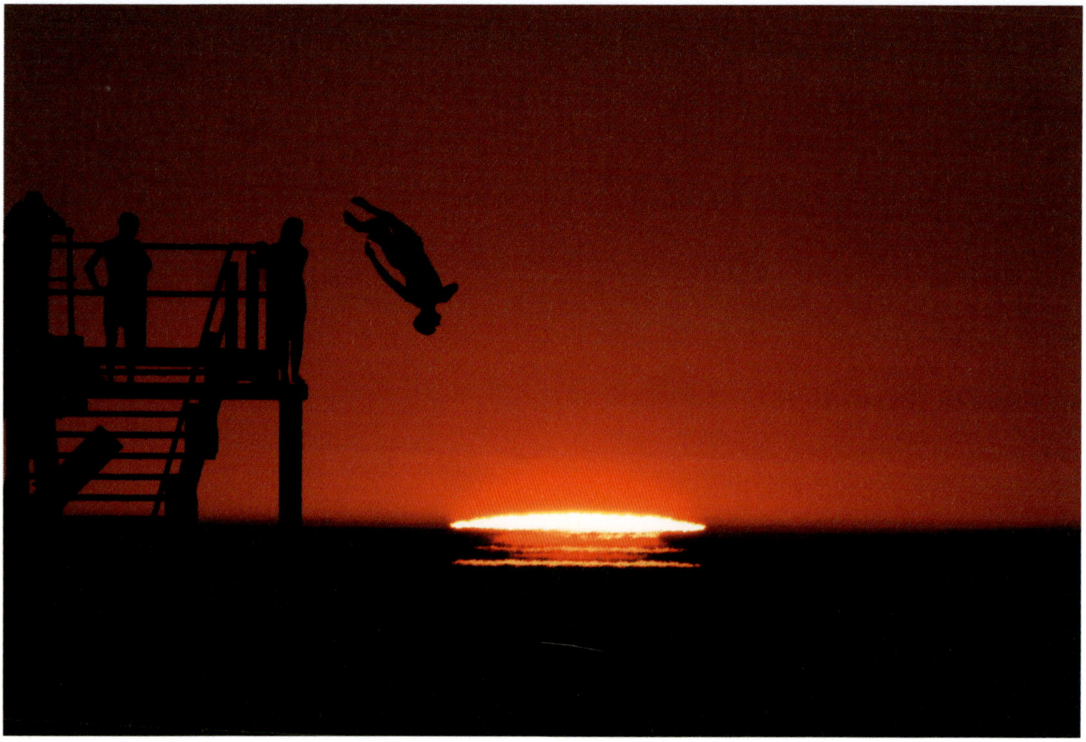

Adelaide, Australia, 2024.
(Questa foto è stata realizzata nell'ambito del progetto *Emotions of the Sun* per Veuve Clicquot)

Adelaide, Australia, 2024.
(This image was made as part of the *Emotions of the Sun* project for Veuve Clicquot)

Trent Parke

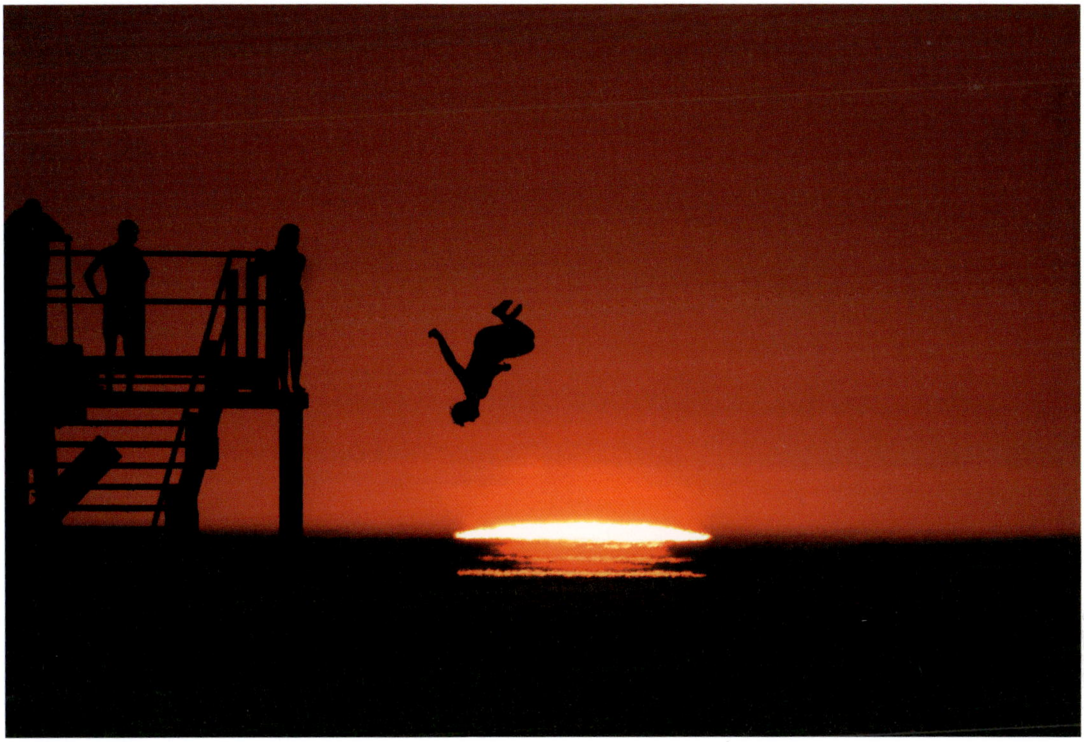

Adelaide, Australia, 2024.
(Questa foto è stata realizzata nell'ambito del progetto *Emotions of the Sun* per Veuve Clicquot)

Adelaide, Australia, 2024.
(This image was made as part of the *Emotions of the Sun* project for Veuve Clicquot)

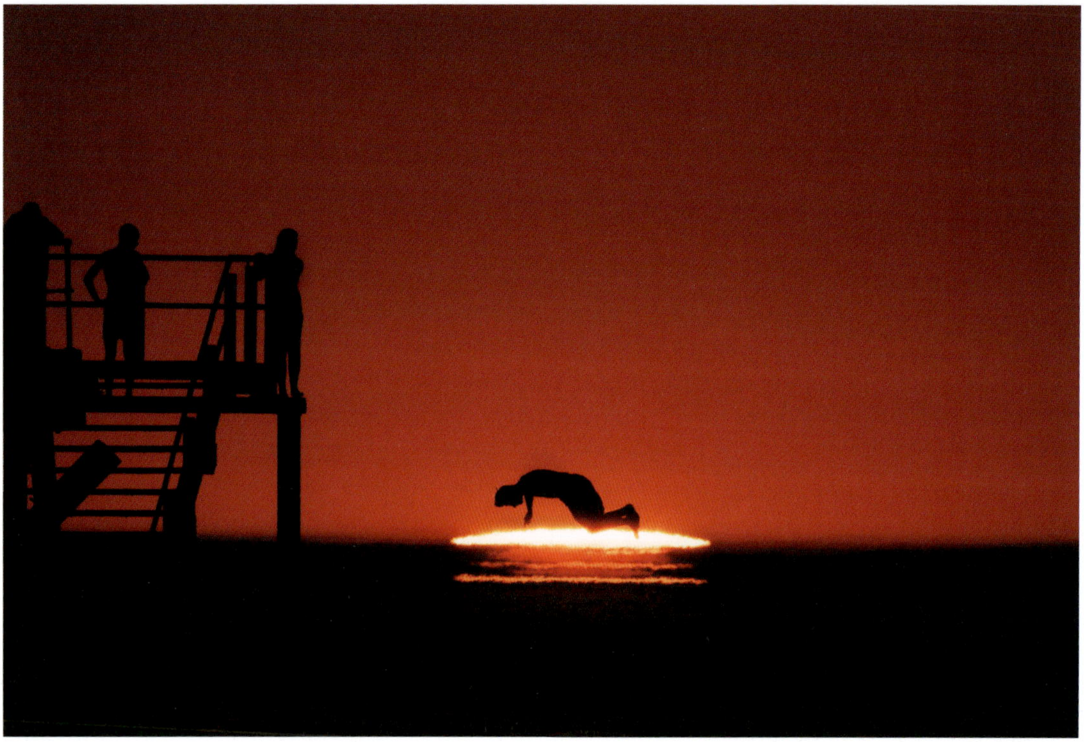

Adelaide, Australia, 2024.
(Questa foto è stata realizzata nell'ambito del progetto *Emotions of the Sun* per Veuve Clicquot)

Adelaide, Australia, 2024.
(This image was made as part of the *Emotions of the Sun* project for Veuve Clicquot)

Trent Parke

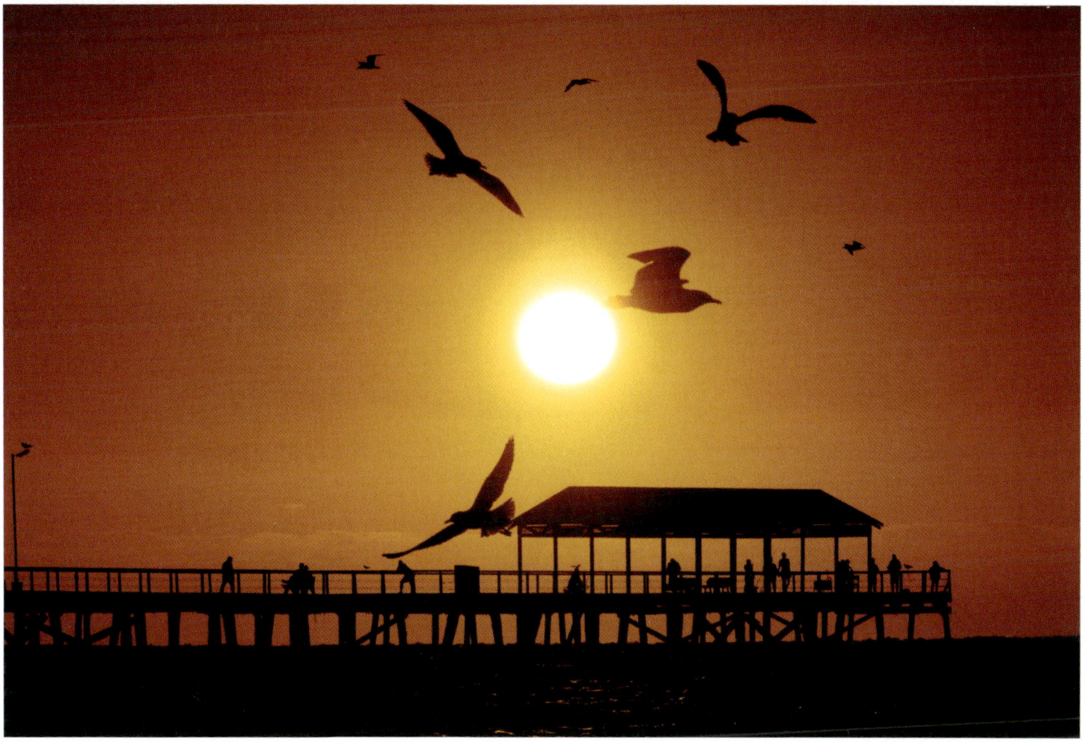

Adelaide, Australia, 2024.
(Questa foto è stata realizzata nell'ambito del progetto *Emotions of the Sun* per Veuve Clicquot)

Adelaide, Australia, 2024.
(This image was made as part of the *Emotions of the Sun* project for Veuve Clicquot)

Trent Parke

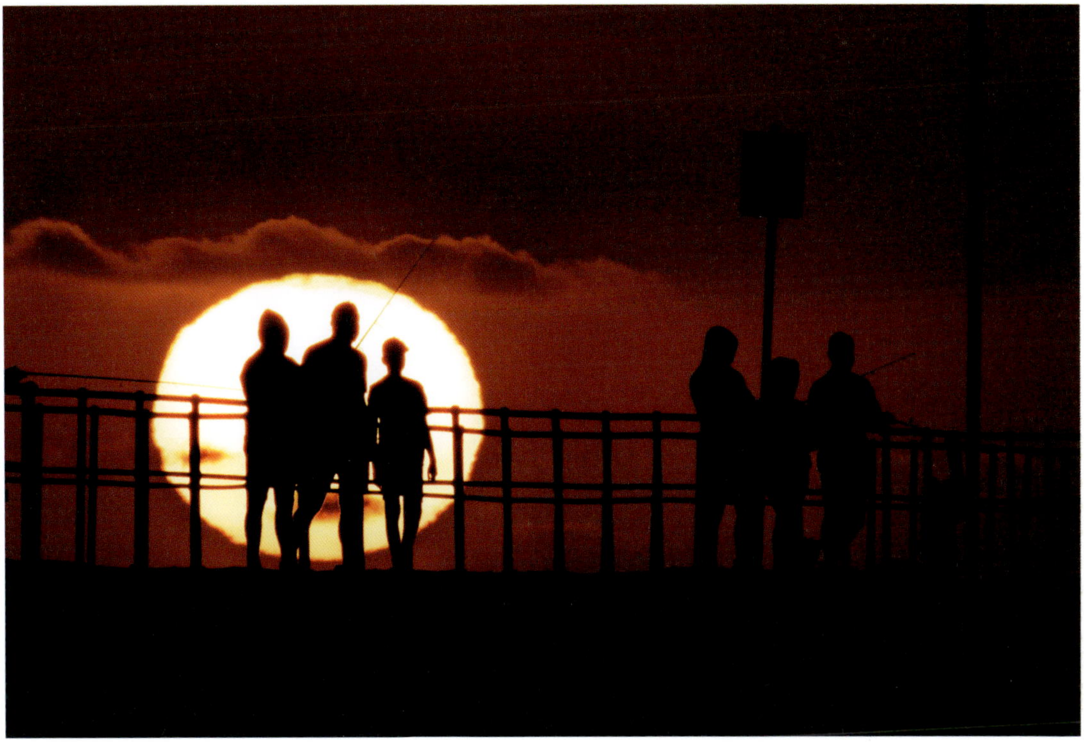

Adelaide, Australia, 2024.
(Questa foto è stata realizzata nell'ambito del progetto *Emotions of the Sun* per Veuve Clicquot)

Adelaide, Australia, 2024.
(This image was made as part of the *Emotions of the Sun* project for Veuve Clicquot)

Olivia Arthur

"Mumbai è una città che ansima e che ti schiaccia. Le strade sono piene di auto, i treni sono affollati di persone ammassate l'una all'altra. È calda e polverosa. È una città molto fisica. Ero lì per fare un lavoro sui corpi e sulla sessualità e ho scoperto che il solo muoversi su e giù attraverso la folla era di per sé un'esperienza sensoriale. L'intensità della città è però alleviata dalla vicinanza del mare e delle spiagge su cui si affaccia. Qui, la sera, una volta che il caldo si è placato, le persone vengono con gli amici, gli amanti, in famiglia o in gruppi religiosi, per rilassarsi e liberarsi rimanendo davanti alle onde o entrando nel mare."

"Mumbai is a city that heaves and squeezes. The roads are full of cars, the trains are full of people pressed up to each other. It's hot and dusty. It's a very physical city. I was there to make work about bodies and sexuality and found that just moving through the place and the crowds was a sensory experience of its own. But the intensity of the city is relieved by the proximity to the sea and the beaches that it spills out onto. Here in the evenings, once the intensity of the heat has subsided, people come with friends, with lovers, as families or in religious groups, to unwind and release either in or in front of the waves."

On the beach

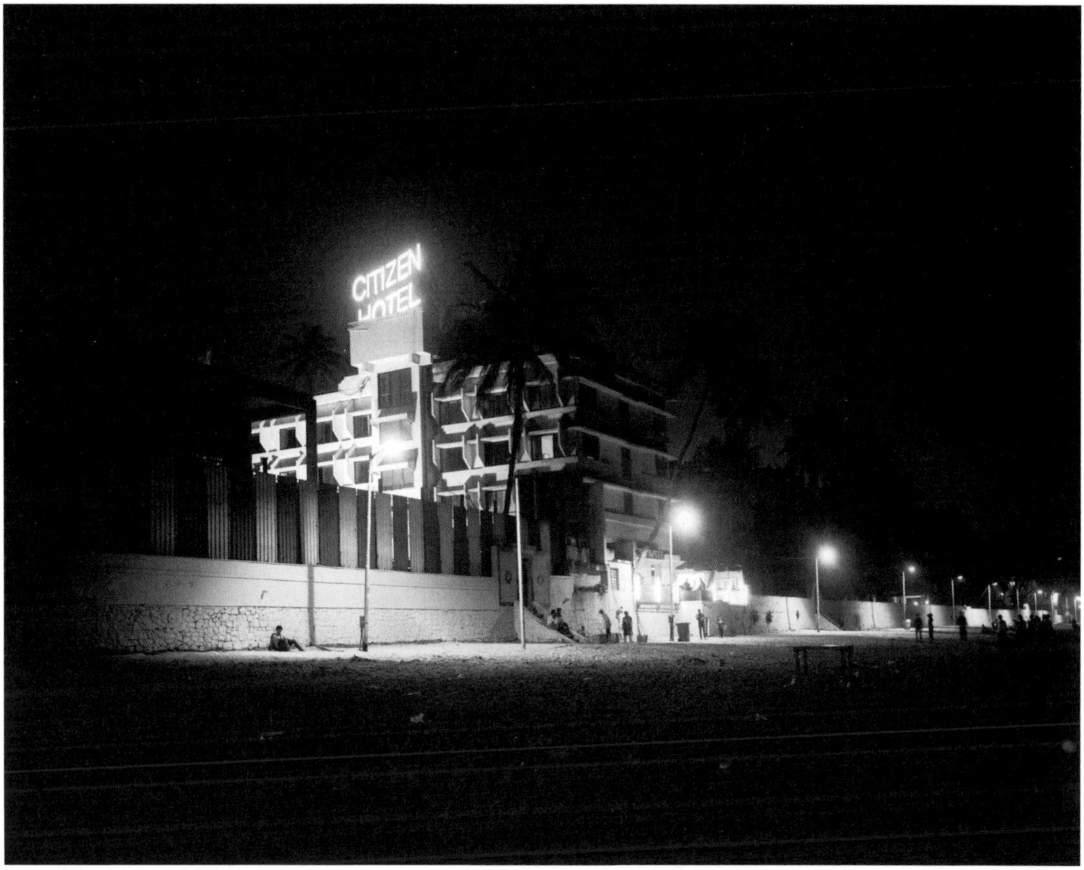

L'Hotel The Citizen sulla spiaggia di Juhu,
Mumbai, India, 2016.

The Citizen Hotel on Juhu Beach,
Mumbai, India, 2016.

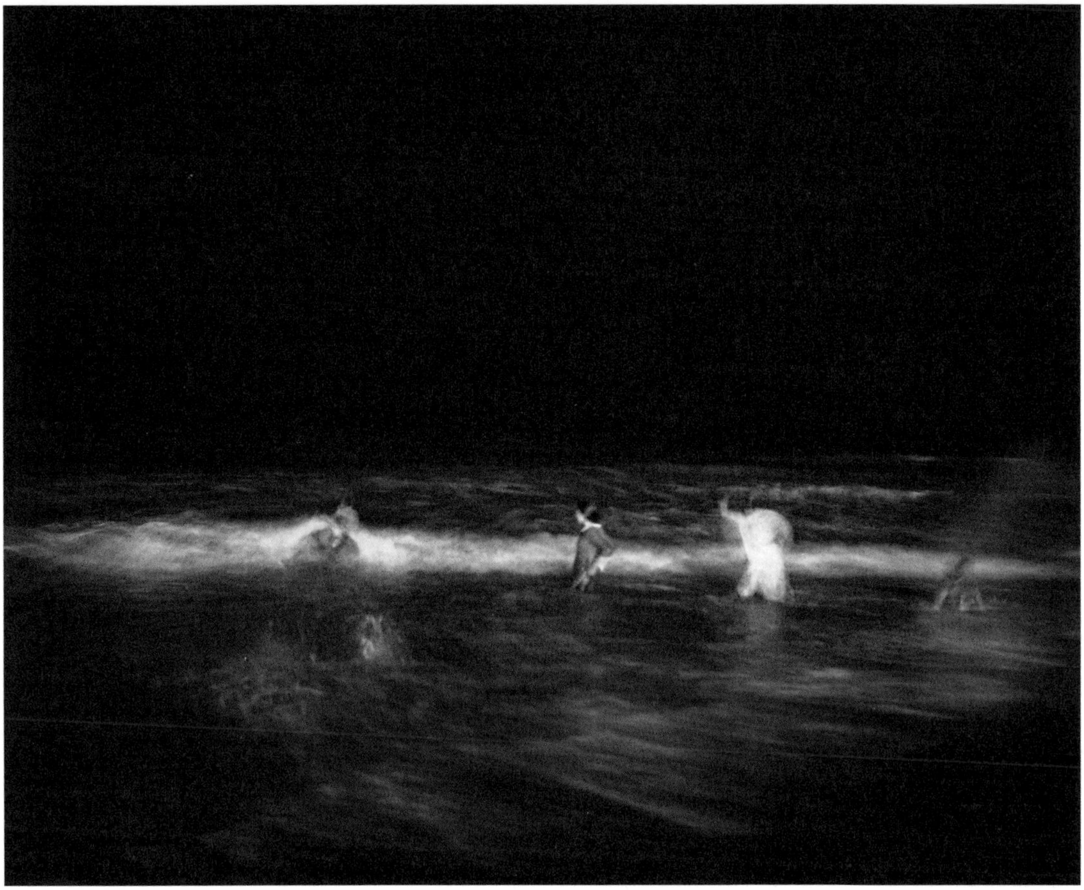

Persone che nuotano nel mare sulla spiaggia di Juhu, Mumbai, India, 2016.

People swimming in the sea on Juhu Beach, Mumbai, India, 2016.

Olivia Arthur

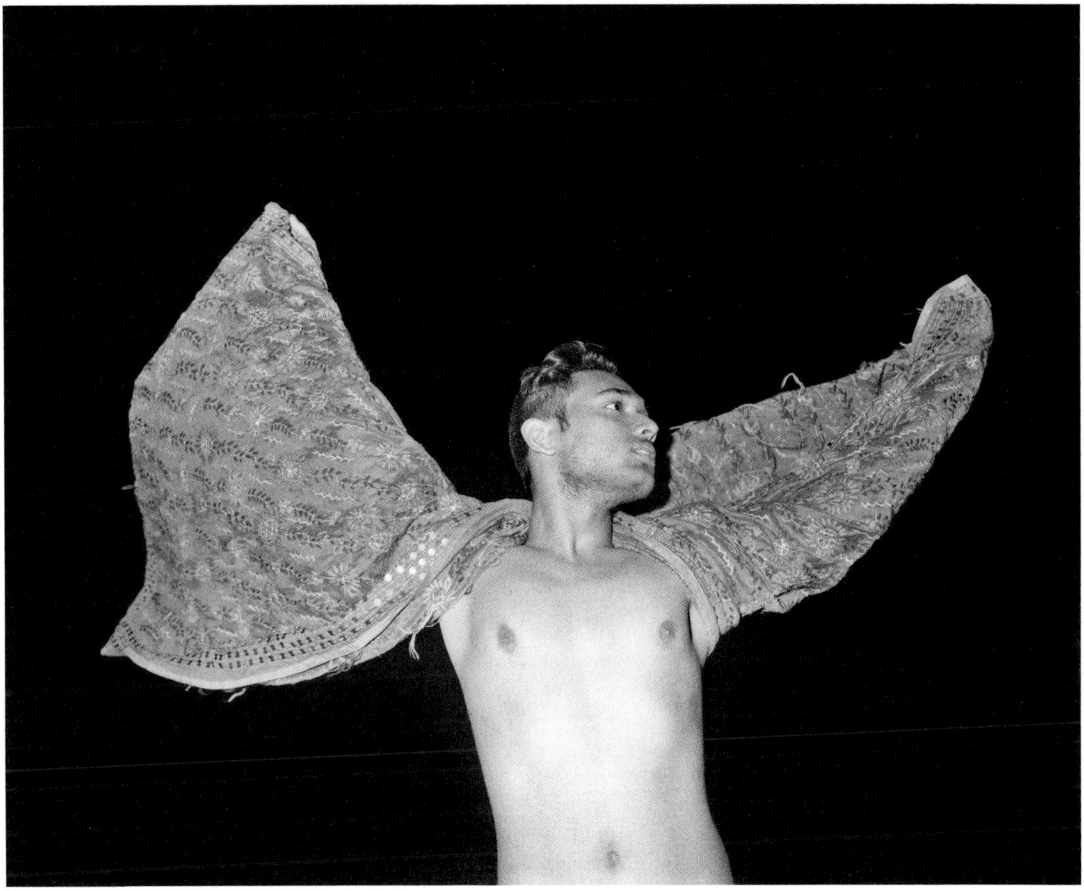

Anwesh Kumar Sahoo, ex Mister Gay World India, fotografato sulla spiaggia di Juhu, Mumbai, India, 2016.

Anwesh Kumar Sahoo, former Mr Gay World India, photographed on Juhu Beach, Mumbai, India, 2016.

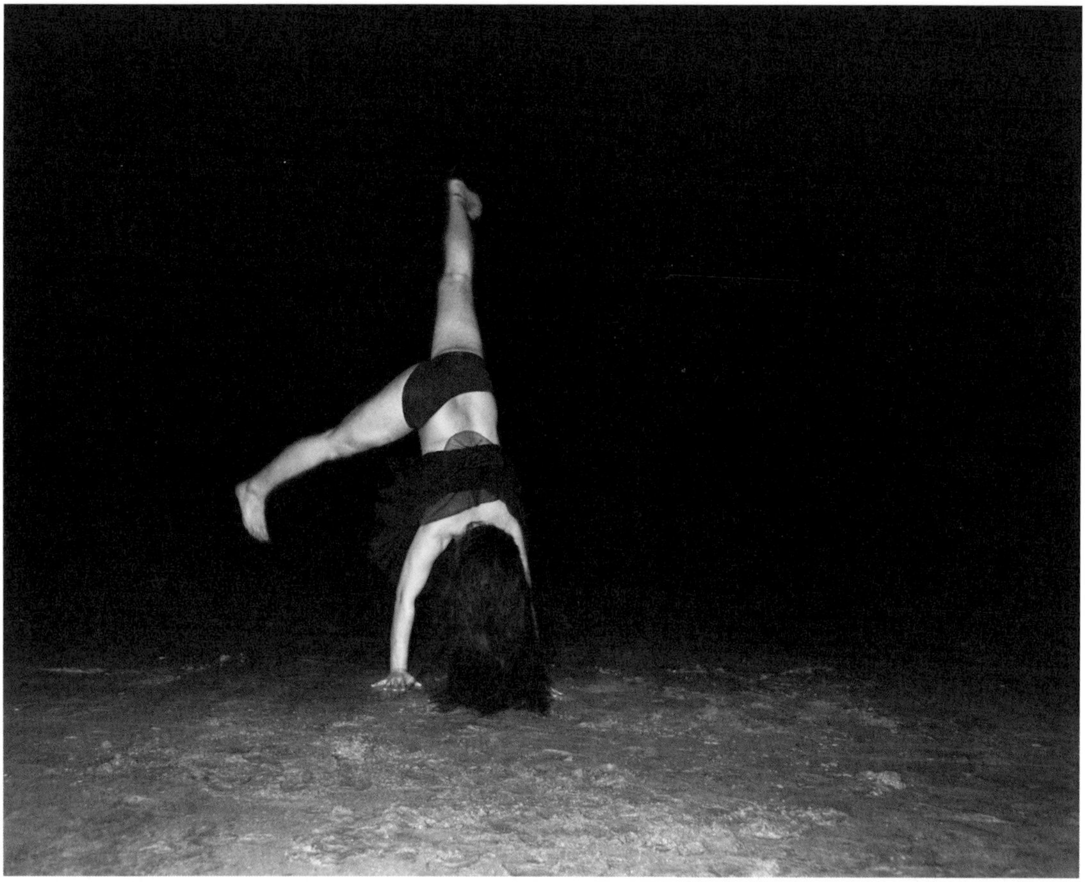

India, 2017.

India, 2017.

Olivia Arthur

Festival di Ganpatti, Mumbai, India, 2018.

Ganpatti Festival, Mumbai, India, 2018.

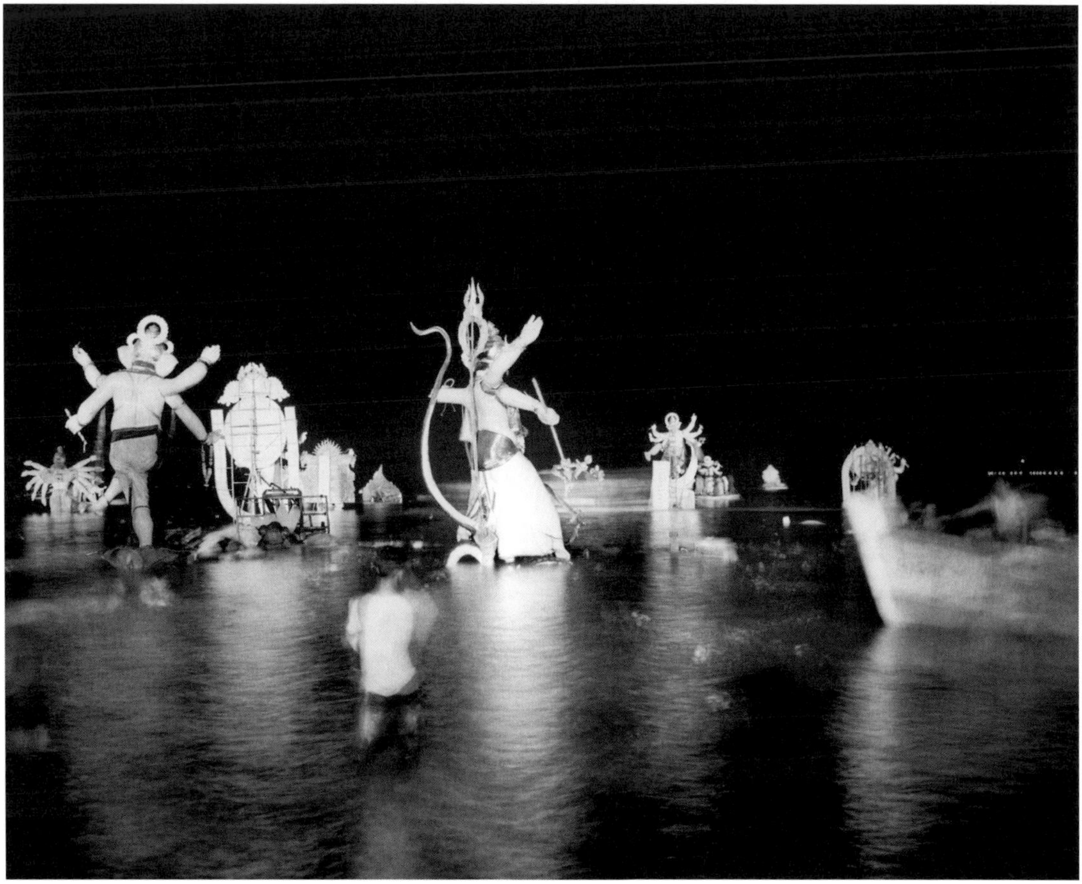

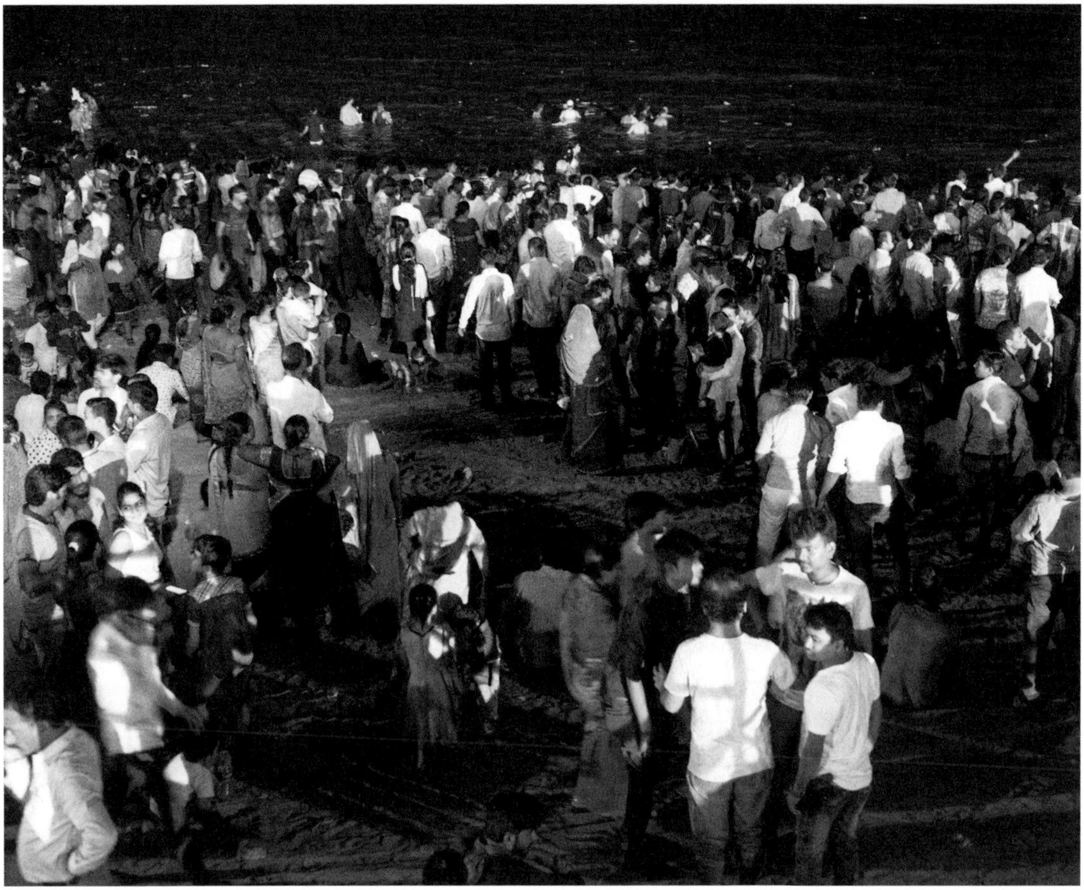

Festival di Ganpatti, Mumbai, India, 2018.

Ganpatti Festival, Mumbai, India, 2018.

Olivia Arthur

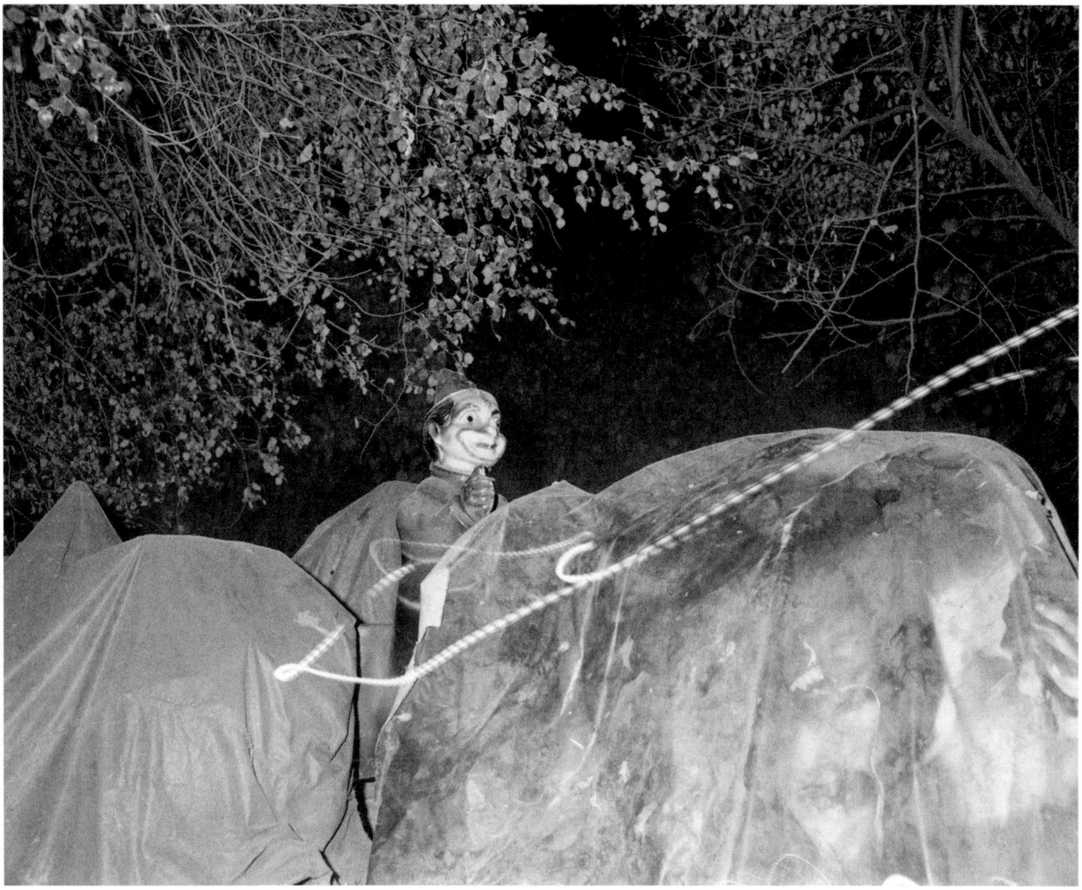

Di notte sulla spiaggia di Juhu, Mumbai, India, 2017.

Nighttime on Juhu Beach, Mumbai, India, 2017.

Spiaggia di Juhu, Mumbai, India, 2017.

Juhu Beach, Mumbai, India, 2017.

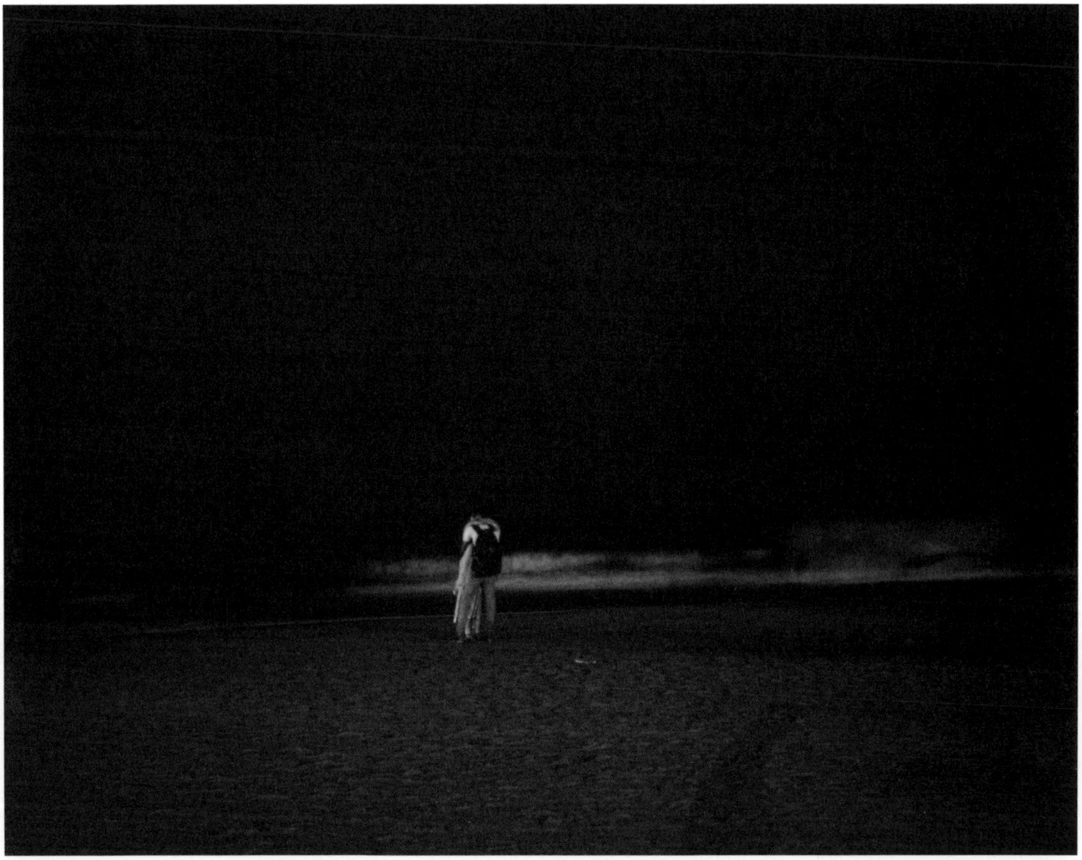

Olivia Arthur

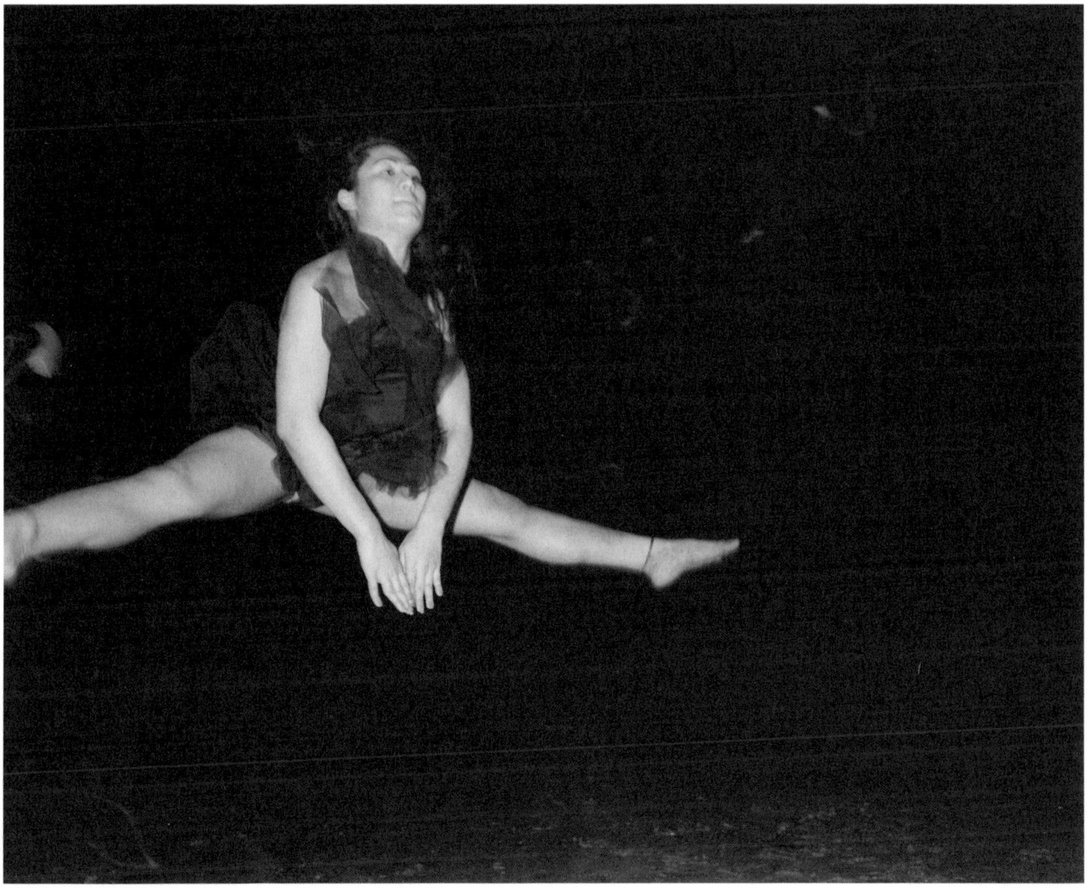

Shivali, una ballerina e donna trans
sulla spiaggia di Juhu, Mumbai, India, 2017.

Shivali, a dancer and trans-woman
on Juhu Beach, Mumbai, India, 2017.

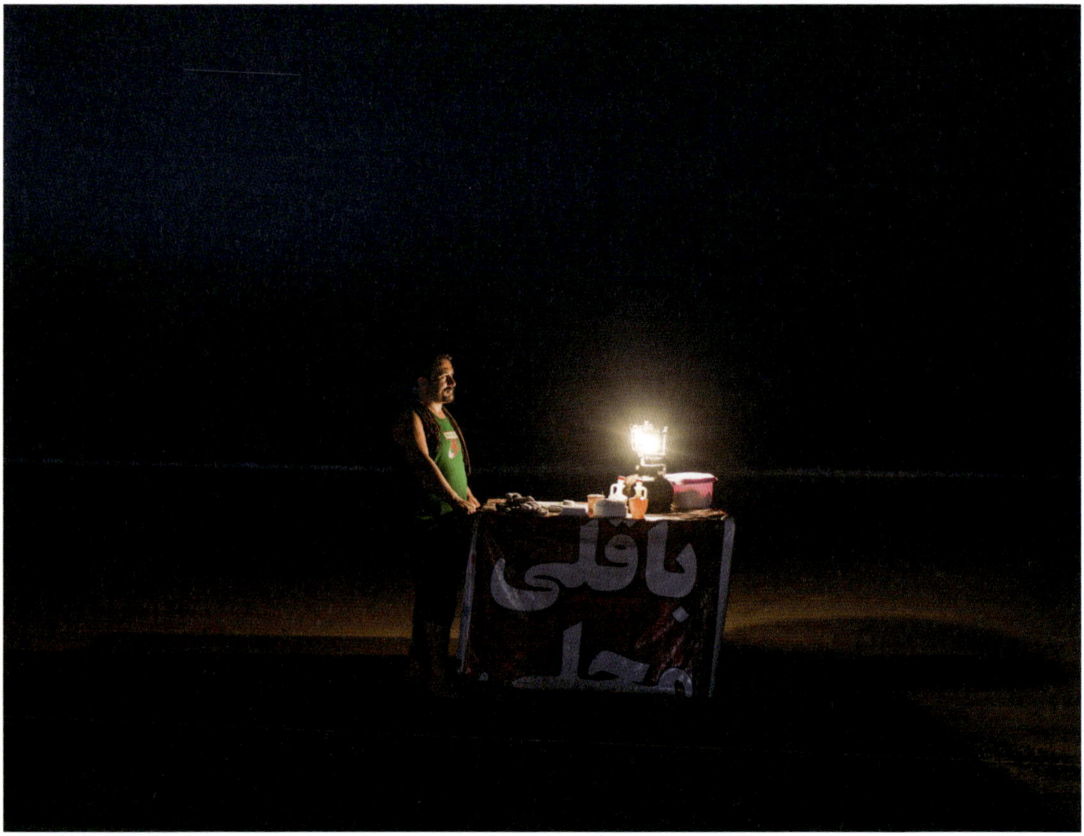

Un uomo cerca di vendere Baghali (fagioli di Lima cotti) sulla spiaggia deserta. I turisti sono la maggior fonte di reddito per molte persone che vivono nel nord dell'Iran, 2017.

A local man tries to sell Baghali (cooked Lima Bean) at the empty beach. Tourists bring the main income for many local people living in the north of Iran, 2017.

Newsha Tavakolian

Zohreh Boroumand da Karaj
è nata nel 1989, Iran, 2017.

Zohreh Boroumand from Karaj
and born in 1989, Iran, 2017.

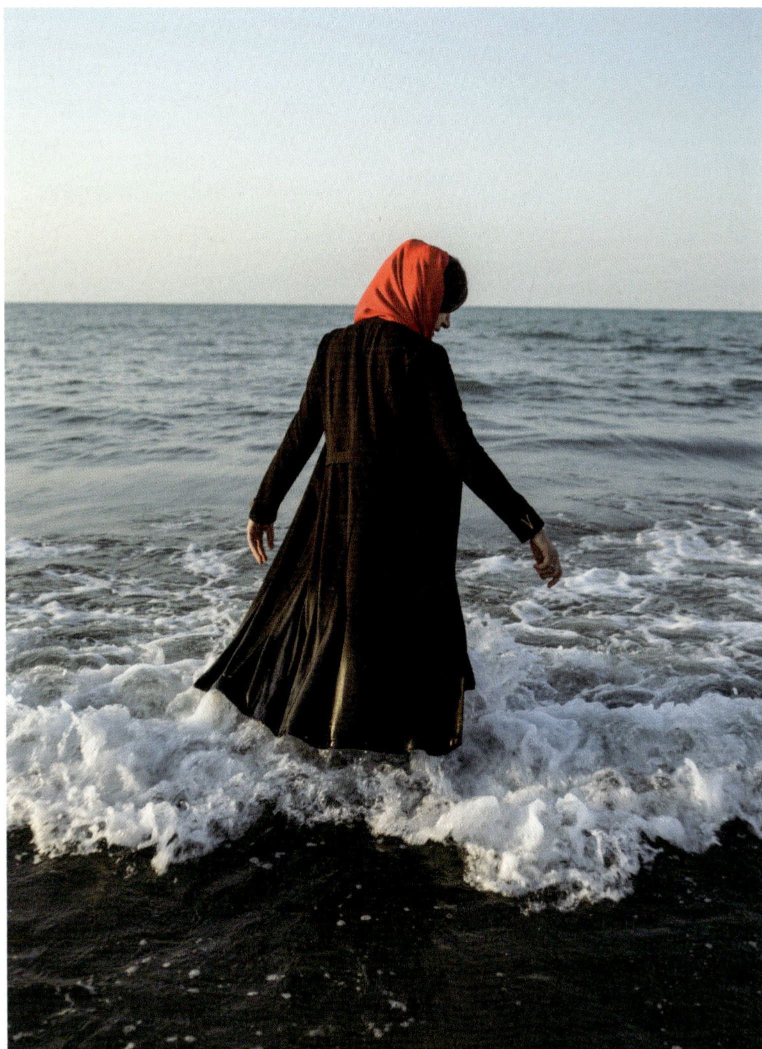

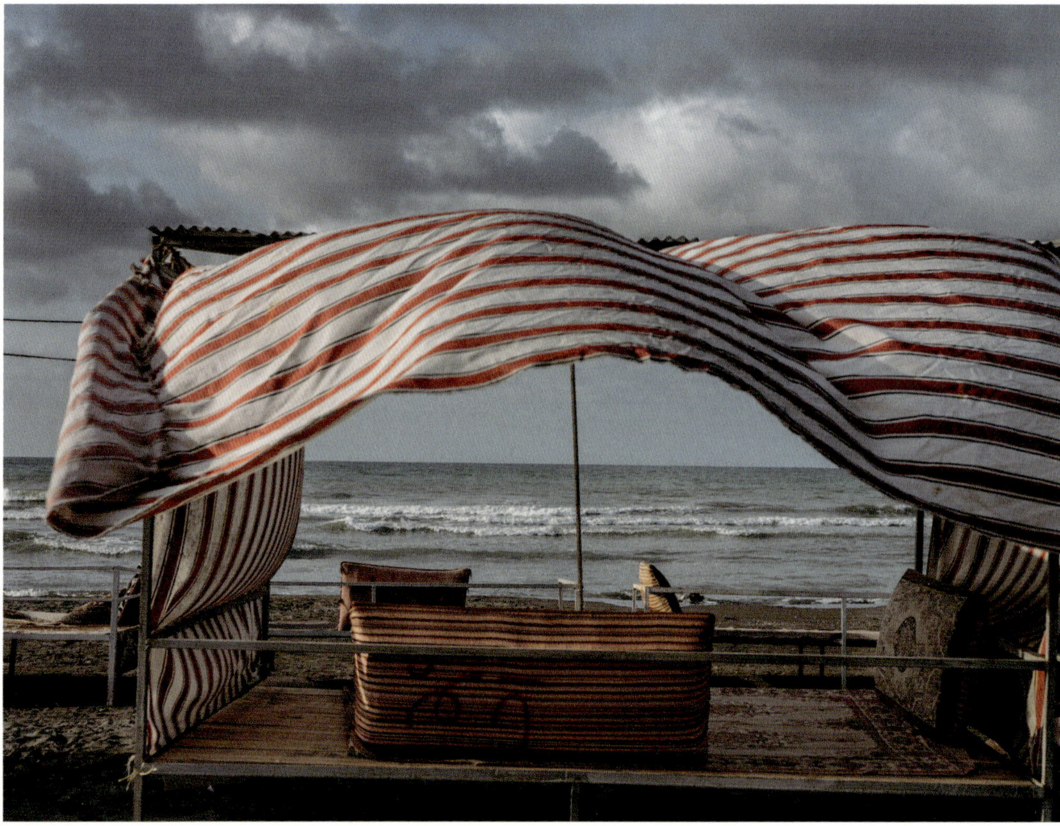

Un caffè stagionale sulla spiaggia
di Jafrood, Iran, 2017.

A seasonal Café by the Jafrood beach,
Iran, 2017.

Newsha Tavakolian

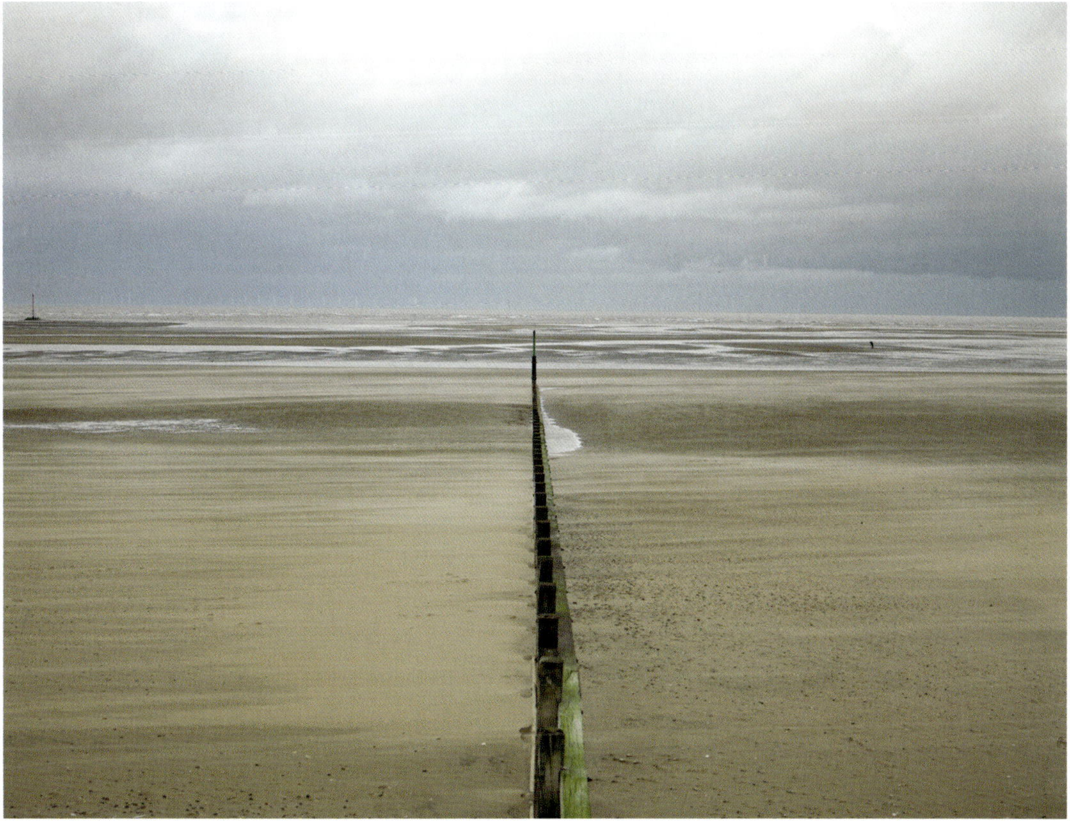

Spiaggia di Rhyl, Galles,
Gran Bretagna, 2016.

Rhyl Beach, Wales,
Great Britain, 2016.

Una spiaggia riservata agli uomini, separata da recinzioni all'interno della spiaggia di Bandar-E-Anzali. In base al programma governativo chiamato Tarh-e-Darya, valido solo durante l'estate, ci sono solo spiagge legali per nuotare nel nord dell'Iran, 2017.

A man only beach separated by fences inside of the Bandar-E-Anzali beach. The governmental program called Tarh-e-Darya, which is only happening during the summer and there are only legal beaches for swimming in the north of Iran, 2017.

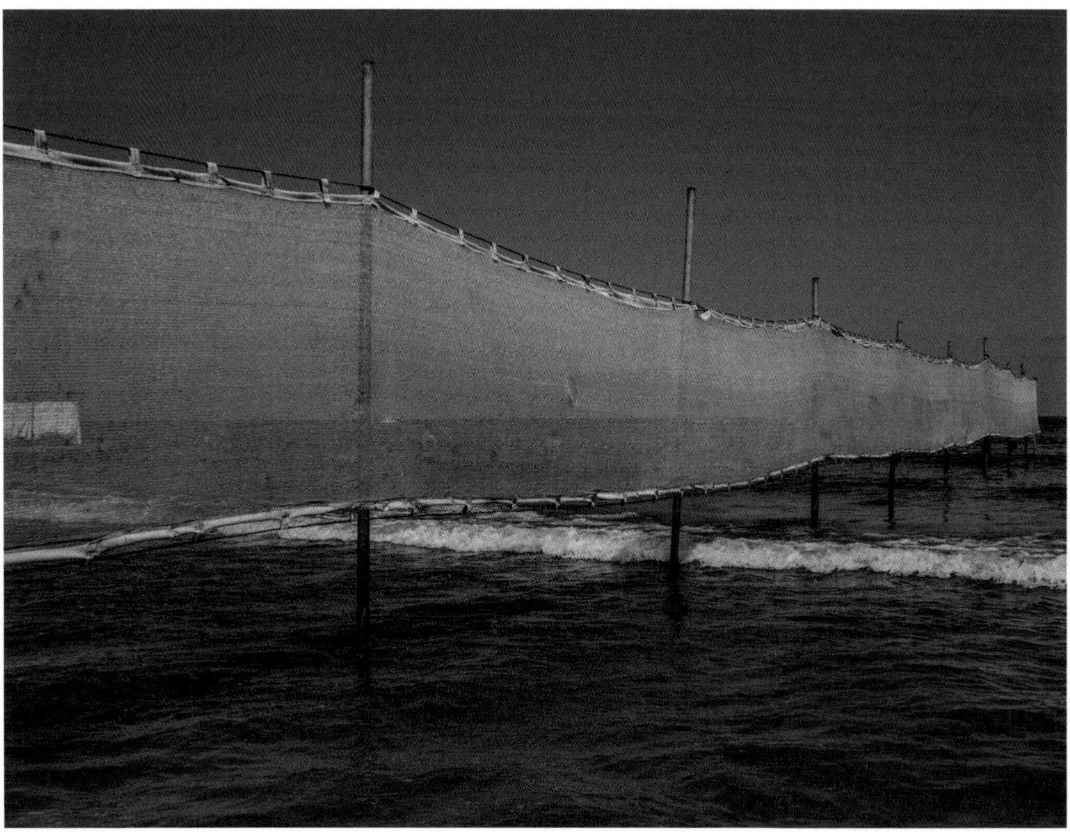

Newsha Tavakolian

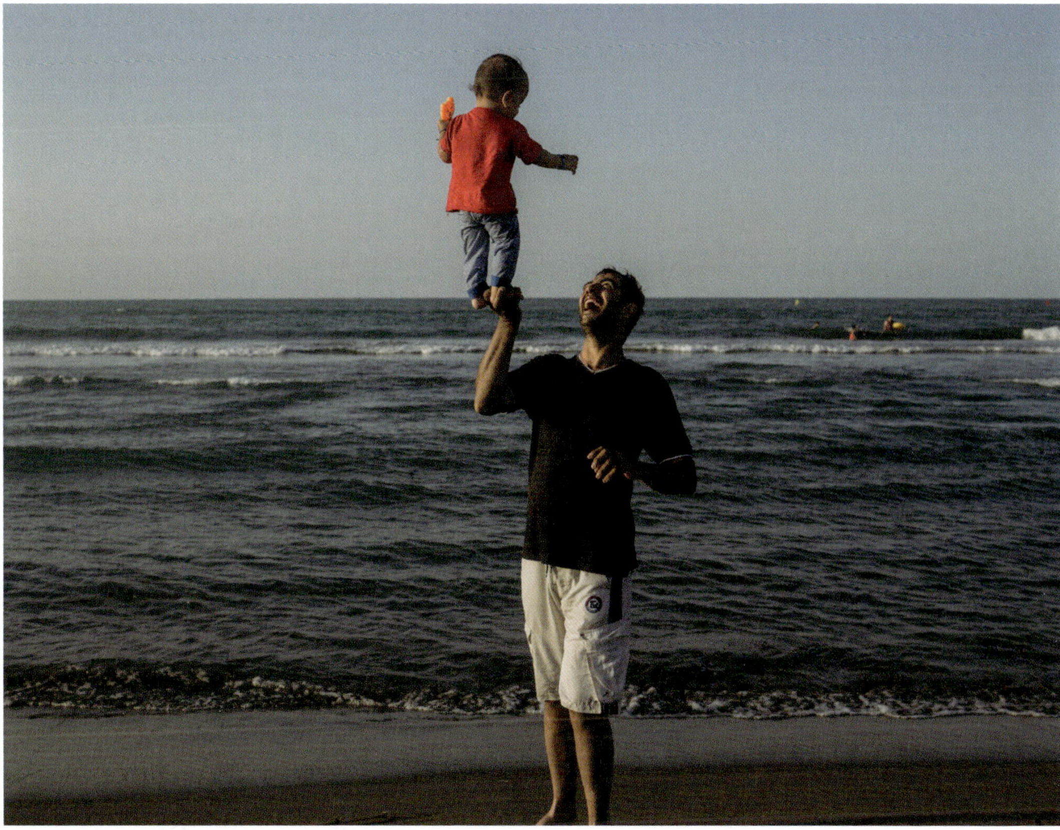

La famiglia Vakili ha guidato per 7 ore per arrivare sul Mar Caspio. Negli anni passati, la famiglia ha affrontato molte difficoltà e ha perso alcuni membri, il padre della famiglia (marito di Parvin) e la figlia di Parvin. "Parlando e trascorrendo mezza giornata con la famiglia, ho capito che per loro questo viaggio era molto importante. Era la prima volta, dopo molti anni di difficoltà familiari, che potevano ridere tutti insieme e godersi un viaggio." Iran, 2017.

Vakili family drove for 7 hours to arrive to Caspian Sea. In the past years, the family went through many difficulties and lost some of the family members, the father of the family (Parvin's husband) and Parvin's daughter. "Talking and spending half a day with the family, I realized that, for them this trip was very important. It was the first time after many years of difficulties in the family they could all laugh and enjoy a trip." Iran, 2017.

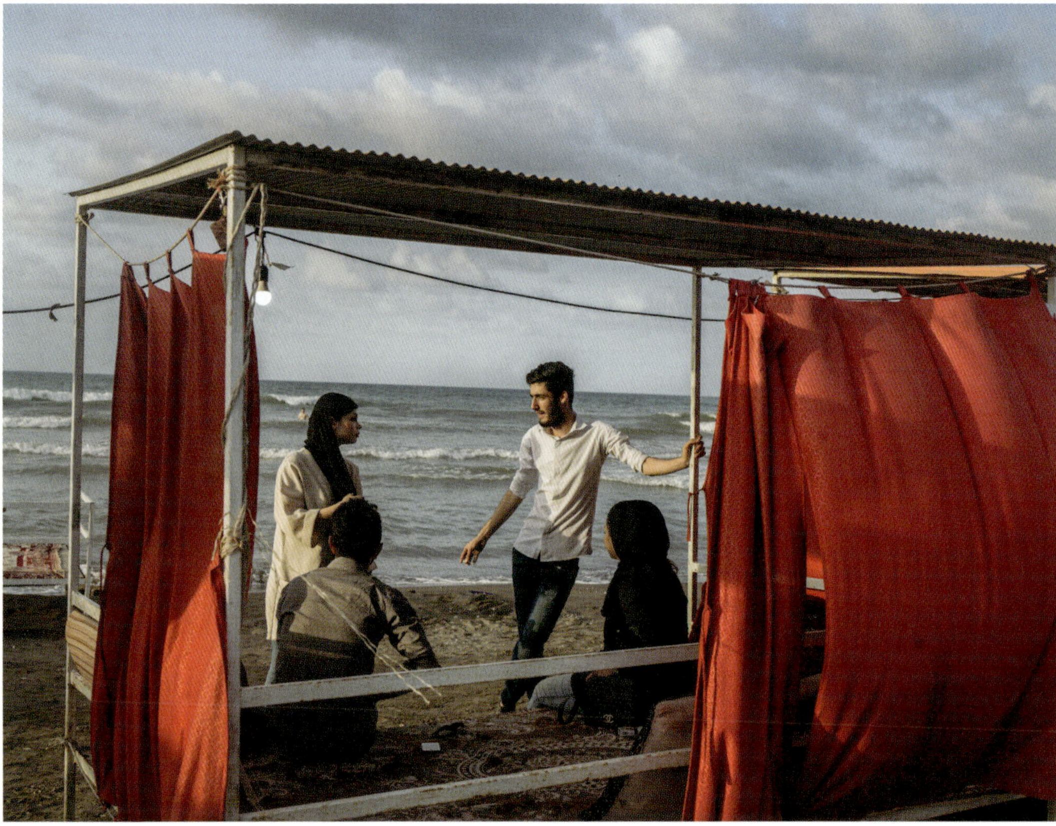

Due ragazze (cugine) e i loro amici seduti vicino al mare in un caffè locale, Iran, 2017.

Two girls (cousins) and their friends sitting next to the sea in a local Café, Iran, 2017.

Newsha Tavakolian

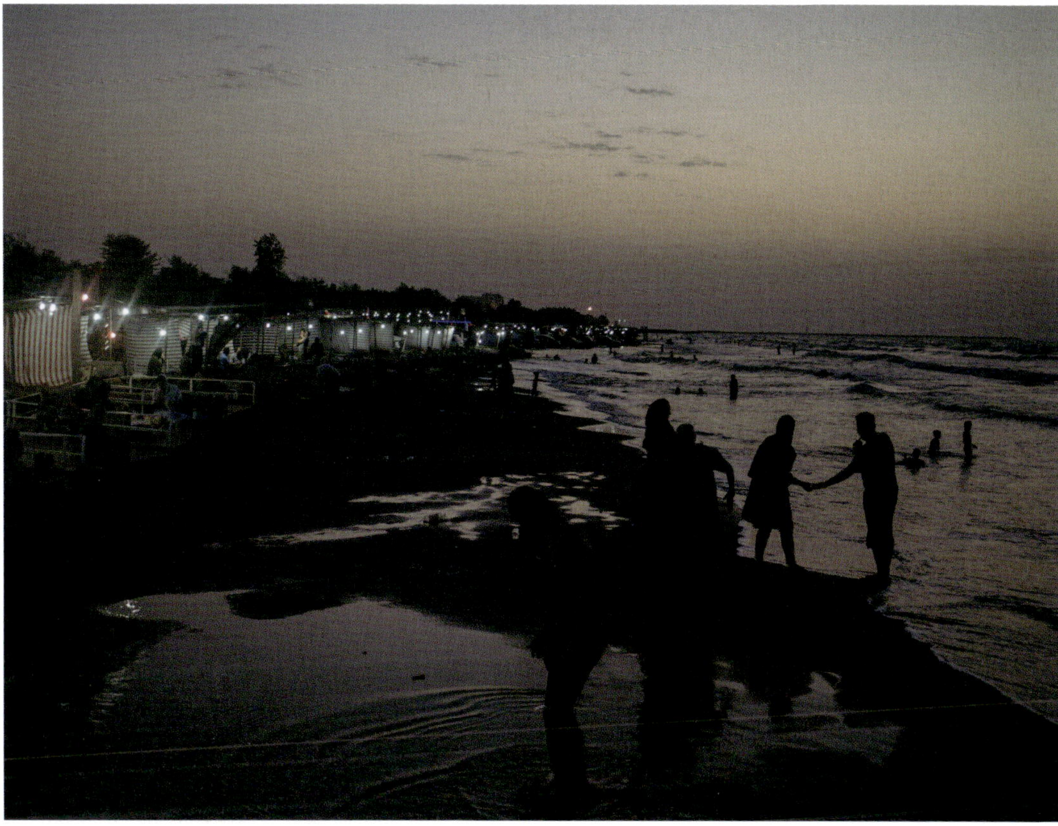

Vista del tramonto sulla spiaggia di Jafrood nel nord dell'Iran, vicino al Mar Caspio. Durante i fine settimana, molte famiglie vengono in spiaggia per divertirsi e trascorrere del tempo insieme, Iran, 2017.

A sunset view of the Jafrood Beach in north of Iran by the Caspian Sea. During the weekends many families come to the beach to enjoy and spend time together, Iran, 2017.

Newsha Tavakolian

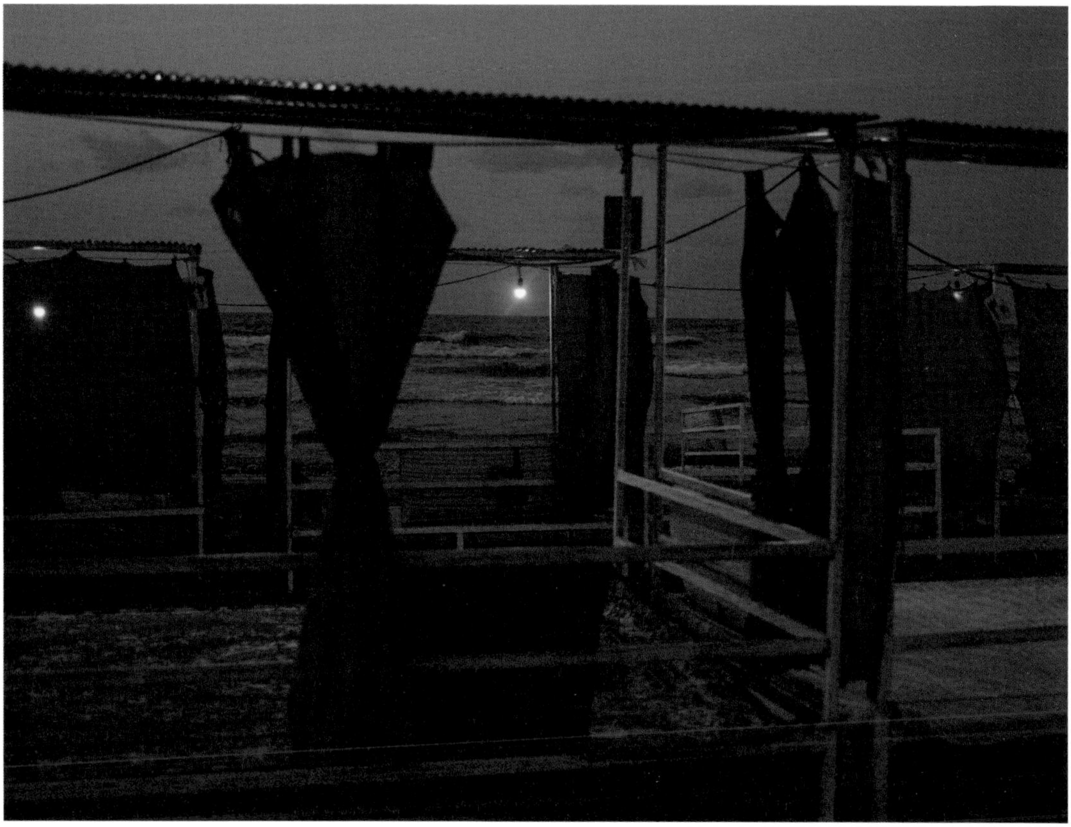

Un caffè stagionale sulla spiaggia
di Jafrood, Iran, 2017.

A seasonal Café by the Jafrood beach,
Iran, 2017.

In copertina | Cover
Fort-Mahon-Plage, Baia della Somme,
Francia, 2007.
Fort-Mahon-Plage, Somme Bay, France,
2007.

Silvana Editoriale

Direttore generale | General Director
Michele Pizzi

Direttore editoriale | Editorial Director
Sergio Di Stefano

Art Director
Giacomo Merli

Coordinamento redazionale | Editorial coordinator
Maria Chiara Tulli

Redazione | Copy Editing
Lorena Ansani

Impaginazione | Layout
Denise Castelnovo

Coordinamento di produzione
Production Coordinator
Antonio Micelli

Segreteria di redazione | Editorial Assistant
Giulia Mercanti

Ufficio iconografico | Photo Editor
Silvia Sala

Ufficio stampa | Press Office
Alessandra Olivari, press@silvanaeditoriale.it

ISBN 978-88-366-6173-2

FSC
www.fsc.org
MISTO
Carta | A sostegno della
gestione forestale responsabile
FSC® C173858

Silvana Editoriale S.p.A.
via dei Lavoratori, 78
20092 Cinisello Balsamo, Milano
tel. 02 453 951 01
www.silvanaeditoriale.it

Le riproduzioni, la stampa e la rilegatura
sono state eseguite in Italia
Reproductions, printing and binding in Italy
Stampato da | Printed by
Grafiche Aurora S.r.l., Verona
Finito di stampare nel mese di aprile 2025
Printed in April 2025